Sinje Beck

DUFTSPUR

Sinje Beck

DUFTSPUR

Heiner Himmels zweite Verwicklung

KRIMI IM GMEINER-VERLAG

Bibliografische Information der Deutschen Bibliothek
Die Deutsche Bibliothek verzeichnet diese Publikation in der Deutschen Nationalbibliografie; detaillierte bibliografische Daten sind im Internet über http://dnb.ddb.de abrufbar.

Besuchen Sie uns im Internet:
www.gmeiner-verlag.de

Im Ehnried 5, 88605 Meßkirch
Telefon 07575/2095-0
info@gmeiner-verlag.de

1. Auflage 2006

Lektorat: Claudia Senghaas, Kirchardt
Umschlaggestaltung: U.O.R.G. Lutz Eberle, Stuttgart
unter Verwendung eines Fotos von aboutpixel.de
Gesetzt aus der 9,6/13 Punkt GV Garamond
Druck: Fuldaer Verlagsanstalt, Fulda
Printed in Germany
ISBN 13: 978-3-89977-689-8
ISBN 10: 3-89977-689-5

Lageplan

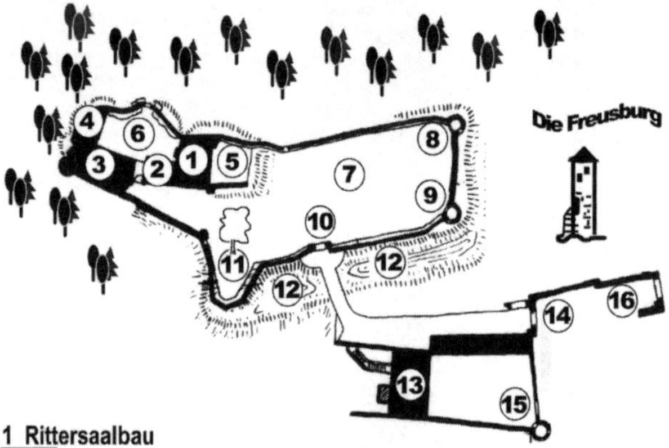

.1 Rittersaalbau
.2 Mittelbau
.3 Heinrichsbau
.4 Westbau
.5 Neubau
.6 Innerer Burghof
.7 Äußerer Burghof
.8 Pulverturm
. 9 Hungerturm
.10 Burgtor
.11 Bastion
.12 Burggraben
.13 Haus Schlossgarten mit Kiosk und Café
.14 Mitteltor
.15 Wachturm
.16 Außentor

1

Feierabend. Der Himmel hat den ganzen Tag seinen Vorhang nicht zur Seite gezogen. Im Moment behält die über uns hängende Wolke ihre Nässe oben. Feierabend ist gleich. Schön, wenn man so etwas sagen kann. Für mich wird ab morgen schon in der Früh Feierabend sein. Sanft werde ich aus meinen Gedanken gerissen. Zwei Arme schlingen sich von der Seite her um mich, so dass ich das trübe Grübeln und feine Schmirgeln einer Holzfigur einstellen muss. Annegret drückt mich, spitzt die rosa ausgemalten Lippen und gibt mir einen Kuss auf die Wange. Süß und klebrig bleiben dabei einige Honigbrötchenkrümel in meinem Dreitagebart haften. Annegret strahlt mich an:

»Mein Heiner, nich abwaschen, versprochen?«

Ich nicke und bin mächtig gerührt. So viel offene Herzlichkeit und Wärme habe ich früher lange nicht erfahren. Annegrets Finger verflechten sich in die meiner linken Hand. In der Rechten halte ich ihr Geschenk, das sie mir überreicht hat. Staunend drehe ich es hin und her. Sie hat mir einen Bilderrahmen gebastelt. Er ist aus pinkfarbenen Holzleisten zusammengeklebt. Pink ist ihre Lieblingsfarbe. Das Bild hinter der Glasscheibe zeigt uns, in der Mitte thront

Alfons, ›der Chef von's Ganze‹, wie sie gerne sagt, um ihn herum sind Bille, ihre Freundin, und Torsten, Billes Freund, ja und ich, Heiner. Alle sitzen wir einträchtig ausgelassen um ein Lagerfeuer an der Nordsee mit Stockbrot und Indianerkartoffeln. Bevor ich bei der weiteren Betrachtung sentimental werden kann, klopft es von hinten derb auf meine Schulter. Das Bild stelle ich sicherheitshalber ab, denn ich weiß, was jetzt kommt. Torsten, der Brecher, wird mich gleich durch die Luft wirbeln. Es haut mich quasi aus den Sandalen. Annegret muss mich jetzt loslassen, um sich beide Hände vors Gesicht zu pressen und ängstlich sowie amüsiert zugleich zwischen den Fingern hindurchzuspähen. Torsten hebt mich in die Höhe und singt schräg dazu, wobei er ›s‹ wie ›sch‹ spricht:

»Hoch scholl er leben, an der Decke scholl er kleben, dreimal hoch« – und er wird mich dreimal werfen, sodass ich beinahe die alten Spinnweben an der Werkstattdecke herunterreißen kann. Meine Knochen werden dabei ganz schön durchgeschüttelt.

»Engelchen flieg«, ruft Bille, die einen Kuchen auf dem Kopf balanciert und so graziös wie möglich trotz ihres geringen Höhenwachstums durch die breite Tür schreitet.

»Er sieht aus wie ein Engel«, bekräftigt sie erneut, wobei die Schwarzwälder Kirsch ohne Likör bedrohlich hin- und herschwankt. Bille hat mich selten bei meinem Vornamen genannt, meist sagt sie nur ›mein Engel‹ oder ruft mich beim Nachnamen, Himmel. Aus dem Himmel fliege ich gerade das letzte Mal und lande sicher in Torstens Armen, der mich anschließend behutsam neben meine Sandalen stellt, nicht ohne mich dabei betont unauffällig abzuklopfen. Torsten liebt Radiergummis, unablässig knetet er sie, biegt und knautscht an ihnen herum und heute habe ich gleich zwei Stück in meiner Kleidung versteckt, sogar eines mit Apfelduft. Natürlich findet er sie, zieht sie wie ein geübter Taschendieb aus meinem Hemd, grinst und wie zwei alte Verschwörer nicken wir uns zu. Bille stellt die Torte auf die Drechselbank und zieht eine kleine Schnute. Doch als ich sie fröhlich anlache, lächelt sie sofort wieder, reflexartig. Bille ist eine Frohnatur und wenn sie mal enttäuscht ist, kann sie es auch nicht verbergen. Dann nämlich wird sie besonders charmant, wie jetzt. Sie wirft ihre langen Haare zurück und gurrt:

»Hast du nicht was vergessen?«

Bille ist eine Wucht, so wie ich mir in meiner Jugend einige Songs eingeprägt habe, merkte sie sich sämtliche Gesten und Texte der weiblichen Hauptdarsteller alter Kinoklassiker, Casablanca, China Town, Denn sie wissen nicht was sie tun und viele mehr. Der Film, aus dem sie gerade schöpft, ist mir nicht präsent sodass ich nicht in ihrer Manier kontern kann und ›Schau mir in die Augen Kleines‹ ist mir jetzt zu billig. Daher bleibe ich Heiner, vollführe eine ausladende Drehung, hier kann man sich gar nicht genug blamieren, öffne die Schublade des alten Schreibtisches, der als Werkbank für kleinere Montagearbeiten dient und ziehe ein Monchichi hervor. Diesmal eines im Michael-Schumacher-Dress. Bille nimmt es feierlich entgegen, knickst wie Sissi die Kaiserin, rafft den imaginären Reifrock und steckt das kleine Äffchen in die vorn an ihrer Latzhose aufgenähte Tasche, nicht ohne vorab dem Tierchen den Daumen in den Mund zu klemmen.

»Süß«, sagt Annegret und wischt sich Reste eines Sahnehäubchens aus dem Gesicht.

»Genau«, sage ich in die aufkommende Stille, »lasst uns den Kuchen vernichten!«

»Nicht ohne Kakao«, kommt Alfons herein, eine Palette Vorzugskakao vom nahe gelegenen Bauernhof vor sich her tragend. Gemeinsam räumen wir die Werkbank frei, Annegret pustet den Staub vom Faschingspappgeschirr und Torsten will zu fegen anfangen, wie er es immer tut, wenn sein Arbeitstag zu Ende ist.

»Jetzt nicht, Torsten«, sagt Alfons, »jetzt wird gefeiert, danach kannst du fegen.« Torsten scheint etwas aus dem Konzept gebracht. Bille drückt ihm eine Tüte Kakao in die Hand, was die passende Reaktion auslöst:

»Hoch scholl er leben ... Proscht!«

»Prost!«

»Wie alt wirst du denn?«, fragt Bille kuchenkauend.

»Scho wasch fragt man doch nicht«, entrüstet sich Torsten kakaosaugend.

Ich bin ein wenig verdutzt, denn ich dachte, Alfons hätte erklärt, dass es sich um eine Abschiedsfeier und nicht um meinen Geburtstag handelt.

»Also«, stammle ich.

»Heiner möchte sich bei euch allen bedanken, stimmt's?«, versucht Alfons mir eine Brücke zu bauen.

»Ja, ihr wart alle so nett zu mir. Es hat mir hier so gut gefallen.«

Annegret, die sensibelste von allen, lässt die Gabel sinken: »Du gehst? – Das ist gemein!«

»Er kommt wieder«, versucht Alfons aufzuhalten, was er vor sich hergeschoben hat. Annegret verkneift sich tapfer eine Träne, die befürchtete Flut bleibt aus, weil ich mich beeile zu bestätigen, was für mich selbst eine verblüffende Neuigkeit ist.

»Mach doch mal einer die Kaschette an«, fordert Torsten, der ein großer Fan von den Brings ist und jeden Titel der Kölschrocker mitsingen kann. Zum Glück lässt Annegret sich schnell ablenken. In Gedanken muss ich Alfons rügen, dass er die Mannschaft der Schreinerei nicht auf meinen Abgang vorbereitet hat. Nun ja, ich bin kein Sozialarbeiter, er wird wissen was er tut oder eben unterlässt, sage ich mir. Bille reißt mich vom Hocker und schon wirbeln wir durch die Sägespäne zu ›Nix för lau‹. Während die Brings resümieren ›Wohin du och jeis, un wat du och deis, du muss berappe‹, dreht sich Bille im Kreis und spielt Primaballerina, na ja, wohl eher Brummkreisel, wobei sie mir den Zeigefinger über ihrem Kopf verdreht. Jetzt muss aber Schluss sein, sonst wird ihr schlecht. Torsten johlt völlig entrückt mit Leuchten in den Augen: »He jitt et jar nix, nix für lau. Sche maache her ne jrosche Schau«, und aus.

Annegret erdreistet sich wie immer, den Kölschen den Saft abzudrehen und Reinhard Mey aufzulegen. Die anderen sind daran schon gewöhnt und protestieren nicht.

»Jetzt bin ich dran! Bille tanzt mit Torsten«, bestimmt sie und wir schwofen zu ›Über den Wolken‹. Hätte mir jemand früher einen Blick in die Zukunft gewährt und ich hätte diese Szenen gesehen, ich hätte es nicht glauben wollen. Das dollste daran ist: Ich genieße jeden Augenblick während meiner letzten Stunden in dieser Einrichtung.

»Ich habe es gemerkt«, flüstert Annegret in mein Ohr. »Du hast nämlich erst im Sommer Geburtstag, im September, du bist Jungfrau«, sie kichert.

Jungfrau, ein selten dämliches Sternzeichen für einen Mann. In einer Zeit vor dieser Zeit, quasi zur Steinzeit, so kommt es mir vor, als man unter den Kumpels dann was galt, wenn man wenigstens einer Discobekanntschaft pro Wochenende die Vorzüge seines in Liegeposition verstellbaren Fahrersitzes plausibel gemacht hatte, am besten mit Spurenhinterlassung für bessere Beweiskraft. Dann habe ich besonders unter dem Sternzeichen gelitten. Wenn eine in Betracht kommende weibliche Person unbekannter Herkunft noch nicht aufs Klo verschwunden ist, just nachdem sie meinen Vornamen erfahren hat, dann ist sie spätestens bei der für Mädchen damals so wichtigen obligatorischen Frage nach dem Sternzeichen flüchtig geworden, ähnlich einer Sternschnuppe. Als heller Schein, kurzes Aufflammen zu sehen und zack, war sie weg, erloschen und für mich schnuppe. Wie gerne hätte ich Stier, Schütze oder wenigstens Wassermann gesagt, doch meine ehrliche Art hat mich in dieser Hinsicht einige Abenteuer gekostet, na ja, oder erspart. Weiß man's? Geburtstag. Im Grunde ist er für mich bedeutungslos geworden. Als ich 44 Jahre alt wurde, habe ich beschlossen nicht weiterzuzählen. Wozu auch. Das Altwerden wird ja nicht einfacher und transparenter, indem man es dokumentiert. Ich berufe mich also auf mein gefühltes Alter und 44 ist eine Zahl, die ich mir gut merken kann. Sein Alter in Jahren zu zählen halte ich ehedem für sinnlos. Die letzten Monate meiner Ehe wiegen wie Jahrzehnte und haben sich in Form von Falten und grauem Haar ein Zeichen gesetzt. Die Jahre der sogenannten süßen Kindheit, die Art Süße, die anschließend Fäulnis hinterlässt, süß vergoren und klebrig, geklebt bekam ich sie oft, kommen mir wie eine Ära nicht gelebten Lebens vor. Dagegen verringern die Glücksmomente die Zahl auf dem Zeitbarometer und bemühen sich um eine ausgeglichene Bilanz auf dem persönlichen Lebenszeitkonto. Mein kleines momentanes Glücksgefühl versucht sich nicht unterkriegen zu lassen.

Wo ist bloß ein Großteil meiner Zeit geblieben, während ich für Maries Anschaffungen schuftete? In der Stechuhr, ganz klar, abgestochen. Mord ohne Leiche. Als mich dann der Arbeitsmarkt rauskickte aus meinem Blechschlosserdasein, wollten die Tage zunächst so gar nicht rum gehen, bis zu dem Tag, als mir mein Arbeitsamtsverwalter die Umschulung zum Werbekaufmann aufdrückte. Da hatte ich dann wieder zu tun. Lernen und wundern zu gleichen Teilen. Schon damals fragte ich mich, was das Siegerland mit dem riesigen Haufen Werbekaufleuten will, den es per Institution jährlich produzierte. Das ergibt bis heute ein geschätztes Prokopf-Werbekaufmannsaufkommen von zwei Promille auf jeden Siegerländer bis heute.

2

Wir tanzen weiter durch die Werkstatt, vorbei an den Resten des letzten großen Auftrags für einen Gartengeräteehersteller, 500 Sägeböcke und 700 Schneidbäume, vorbei an den Holzpferdchen für den kleinen Laden der Behindertenwerkstatt, vorbei auch an den Vogelhäuschen für den Park eines Altenzentrums, vorbei, vorbei, Reinhard Mey ist auch vorbei, vorbei meine 1-Euro-Beschäftigungsgelegenheit. Auch so eine Verknappung, das mit der 1-Euro-Jobbezeichnung, wo ich doch 1,30 bekomme. Bei dem knappen Zuverdienst hat man gleich passend dazu die Begrifflichkeit verkürzt. Vorbei. Ich bin ehrlich traurig! Midlifecrisis, unkte Rudi neulich und gab mir den Tipp, mir ne junge Freundin zuzulegen, noch mal so was richtig zum, na ja, Sie wissen schon – nein, das ist nichts für mich, würde meine Probleme nicht verringern. Denn seit wann werden Probleme weniger, wenn eine weibliche Komponente zusätzlich ins Spiel kommt, das geht schon rein rechnerisch nicht auf, legt man die Erfahrung und das Prinzip des direkten Dreisatzes zugrunde. Man gewöhnt sich vielleicht an dieses oder jenes, so von wegen geteiltes Leid ist halbes Leid – mir ist mehr nach gar keinem Leid, dann brauch ich auch nichts teilen.

Rudi hat gut reden, er ist seit hundert Jahren meist glücklich mit seiner Susanne verheiratet. Der wird bei dem Rat mehr an sich gedacht haben, was Junges zum ... Stattdessen schwebe ich mit Annegret Richtung Rekorder, denn Alfons hat das Feierabendzeichen, eine Kindersirene schrillt mit blinkendem Blaulicht, gegeben. Musik aus, aufräumen, fegen, Abendbrot, noch ein wenig spielen, lesen, reden und ab ins Bett, Zähneputzen und Medikamente nicht vergessen, Licht aus und ›Hände auf die Bettdecke‹, wie Torsten immer sagt, nachdem er sein Nachtgebet gesprochen hat. Torsten, der mit 23 Jahren einem Kunstfehler bei einem sogenannten Routineeingriff betreffend eines kleinen Blutgerinnsels im Kopf zum Opfer gefallen ist, ist jetzt wieder auf seiner abendlichen Spur, er schwingt den Besen. Bille, die seit ihrer Geburt vor 45 Jahren mit drei mal 21 Chromosomen zurecht kommt, zählt die Werkzeuge, jedes an seinen Platz, und Annegret, die so unendlich traurig gucken kann, die mit 33 Jahren nach einem Verkehrsunfall für zwei Jahre ins Koma fiel und heute mit 39 das Schreiben neu erlernt, zieht mich zur Seite und zeigt mir das Wort, das sie mit dem Finger in den Staub gezeichnet hat: Schnuurbad. Schnurbart, das Stichwort, fast hätte ich es vergessen. Annegret und ich haben ein Geheimnis. Hinten in der Werkstatt in einem Restholzstapel, der so gut wie nie bewegt wird, hat eine streunende Katze drei Junge zur Welt gebracht und wir haben sie versorgt. Ich muss unbedingt noch Futter kaufen und im Versteck deponieren. Wir zwinkern uns zu, was soviel bedeutet wie Treffpunkt am Tatort, gleich nach dem Abendessen. Das werde ich zugunsten des Futterkaufs ausfallen lassen. Als ich meinen Kaffeepott mit dem Schriftzug: HH – Held der Hobel, einpacken will, halte ich inne und beschließe, ihn in der improvisierten kleinen Kaffeeküche stehen zu lassen. Die ›Held der Hobel‹-Tasse habe ich Bille zu verdanken. Als ich ihren Lieblingshobel von ihrem Opa geschärft hatte, bemalte sie mir zum Dank an einem Kreativwochenende letzten Sommer auf Amrum diese Tasse. Sie zeigt ein Strichmännchen mit langen Haaren und zwei übergroßen Flügeln auf der einen Seite und den Schriftzug in großen Lettern auf der anderen Seite. Das Strichmännchen erinnert mich an meine gescheiterte Art von Ich-AG, an die Zeit in der ich mich in der Siegener City-Galerie mit meinem ›Nimm mich mit‹-Schild für sieben Euro die Stunde verkauft habe. Nun ja, jetzt stehen da schon drei weitere Typen, die sich für drei bis fünf Euro die Stunde verkaufen. Da kann ich nicht mithalten. Da will ich nicht mithalten. Ich weiß nicht, wie die das machen und wovon die leben. Einmal sah ich einen Kerl bei ihnen, er schien sie abzukassieren. Meine Gründeridee hatte also schon Nachahmer im großen Stil gefunden, Franchise, oder Subunternehmertum, ha, moderner Sklavenhandel. Nicht Fastfoodkette, nicht Menschenkette, Menschenhandelskette, setzt mein Hirn ein neues Wort zusammen. Ui, ich muss aufpassen, wenn ich so weiter sinniere, versaue ich mir den Rest des Tages und die Nacht dazu. Im Grunde kann ich zufrieden sein. Meiner Scheidung und Trennung vom ersten Arbeitsmarkt habe ich einige Begegnungen und Erfahrungen zu verdanken, die ich nicht mehr missen möchte, auch der Blick in den eigenen Abgrund.

Von draußen höre ich Bille singen: Wer hat an der Uhr gedreht, ist es wirklich schon so spät, soll das heißen ja ihr Leut' mit dem Paul ist Schluss für heut ...

Ich ertappe mich beim Mitsummen des Paulchen-Panther-Liedchens.

»Tschüß, Bille«, rufe ich ihr nach. Doch sie wird es nicht hören. Wenn sie singt oder aus einem Film zitiert, verschwindet sie im jeweiligen Text.

Torsten kommt herangefegt und wuselt mir mit dem Besen um die Füße, wobei sich einige Sägespäne zwischen meine Zehen und dem Latschen heften. Er könnte mich ja auch bitten beiseite zu treten, doch das ist nicht seine Art. Wenn Torsten fegt, dann fegt er und nur das. Er fegt mit einer Hingabe, die der tiefritueller buddhistischer Mönche gleichen muss. Um zur absoluten inneren Ruhe zu finden und zu begreifen, dass der Weg das Ziel ist, sollen die ja auch schon mal den Wald fegen und natürlich keine Tiere platt treten, es könnte ja ein Freund gewesen sein. Marie, meine Ex, war ja mal auf so einem Trip. Verstehen Sie mich jetzt nicht falsch. Ich habe nichts gegen Esoteriker, nichts gegen Veganer und auch nichts gegen andere Gruppen, die weiter niemandem schaden, mein zweiter Vorname könnte Toleranz lauten, doch ab dem Moment, wo Marie begann, meine Matchbox-Sammlung vor einer McDonalds-Niederlassung an Kinder zu verschenken, wenn sie auf Burger verzichteten, war Schluss mit dem Verständnis. Die Idee an sich war ja nicht schlecht, als Gegengewicht zur Juniortüte eine Alternative zu bieten, doch nicht mit unlauter beschafften Mitteln. Die kleinen Konsumenten nahmen die Autos, m e i n e Autos, und kauften sich im Anschluss trotzdem eine Portion Speck auf die Rippen. Marie hätte es beim reinen Predigen der Mittellosigkeit belassen sollen, stattdessen überwies sie unsere letzten Ersparnisse an so einen windigen Guru, der sich mit unserem Geld und dem einiger anderer Irrgläubiger einen Flug nach Gomera gönnte. Was ja schon aus dem Grund widersinnig war, als dass ›Guru O two‹ aus eigener Kraft hätte fliegen müssen, per geistiger Loslösung von irdischer Schwere, oder wohl eher per Gras, das er in rauen Mengen rauchte. Nachdem die bittere Erkenntnis der Scharlatanerie durch Maries verkorksten Schläfenlappen gedrungen war, trieb es sie kurzfristig in meine Arme zurück, doch eben nur kurz. Aber lang genug um zu merken, dass da nicht mehr viel war außer dahingelebter Pflichtschuldigkeit. Vielleicht wäre alles anders gekommen, wenn wir uns vermehrt hätten. Vorbei. Der Zug war abgefahren und wenn ich ehrlich bin, ist es ganz gut so. Marie lebt mit einem Schnösel zusammen, so mein letzter Kenntnisstand, und ich bewohne eine kleine Dachstube im sogenannten Dreiländereck, Nähe Kalteiche. Immerhin bin ich wieder mobil. Nachdem ich schon geglaubt habe, ich werde mir nie wieder ein Auto leisten können, bin ich jetzt stolzer Besitzer eines alten Peugeots. Bei guter Pflege macht der noch 150000 km, meint Rudi, Besitzer einer Tankstelle und eines Abschleppdienstes, der mir das Wägelchen hat angedeihen lassen. Meine Bedürftigkeit hat den Wagen vor der Schrottpresse bewahrt. Torsten fegt abermals über meine Füße und ich registriere, dass ich immer noch mit der Tasse in der Hand regungslos dastehe. Ich stelle den Kaffeepott ins Regal zurück und mache mich aus dem Staub, wie jeden Tag um die Uhrzeit. Die Schreinerei-Crew ist bereits auf dem Weg in den Speisesaal, sobald Torsten das Fegen beendet hat, wird er sich mit seinen 1,90 Metern beinahe überschlagen, um nicht als allerletzter dort anzukommen und nur noch Käserinde zu erwischen. Bevor ich das Licht lösche und die Werkstatt abschließe schweift mein Blick über die lieb gewonnene Umgebung. Ich rieche intensiv den Geruch frisch gesägten Holzes, Harz, Rückstände von Leim, Farbe und Bienenwachs. Einmal noch inhalieren, Bild einpacken, Schalter drücken und Tür zu.

Das Geklapper und Geplapper aus dem Speisesaal dringt von unten zu mir herauf. Ich muss unbedingt noch mit Alfons reden, wie er das gemeint hat mit ›er kommt wieder‹. Gib dich bloß keinen falschen Hoffnungen hin, warne ich mich, deine Zeit hier ist um und ein weiterer Einsatz deiner Person derzeit nicht bewilligt. Hartz IV. Jetzt war ich so froh, den jungen Dingern in der Agentur für Arbeit für ein halbes Jahr entkommen zu sein, und gleich montagfrüh soll ich wieder dort auflaufen. Auflaufen, genau die richtige Vokabel für das Vorhaben. Die lassen einen da regelrecht auflaufen, stranden, wie einen fehlnavigierten Buckelwal am Nordseestrand in brütender Augusthitze. Von allein kommt der da nicht mehr weg. So geht es auch einem Mann mittleren Alters auf dem Arbeitsamt. Hier der altgediente Wal, dort die jungen Sprotten. Da müssten schon viele Sprotten kommen, um den Wal ins Wasser zu schubsen. Meine Sprotte ist Anfang 20, hat gerade die Verwaltungsausbildung abgeschlossen, lustige rote Locken und einen Flatscreen vor dem Näschen und schlug mir doch neulich eine Umschulung vor. Als wären zwei Berufe nicht genug. Was denn noch?! Altenpfleger oder Reiseverkehrskaufmann hatte sie im Angebot. Als würde jemand über mich eine teure Reise buchen. Die Leute hätten doch eher Angst, ich würde mit ihrem Geld Fusel kaufen oder meine eigene Urlaubskasse aufstocken, vielleicht für eine Weltumseglung mit einem selbstgebauten Floß. In mich, vielmehr in mein Äußeres, kann man eben eine Menge hineininterpretieren. Für den einen ein Engel, für den anderen ein Penner. Die Blicke der Leute können mich nicht zum Frisör zwingen. Nie mehr. Das ist beschlossene Sache. Dafür pflege ich meine langen grauen Haare auch intensiv, ich will ja nicht heruntergekommen aussehen. Gleich bietet sie mir noch Blechschlosser an, ging mir damals zudem durch den gewaschenen Kopf. So ein Blödsinn, sagte ich ihr dann vorwegnehmend, so eine Umschulerei hätte ich schon hinter mir. Selbst bei IKEA auf dem Heidenberg hätte ich mich schon beworben, obwohl die mehr Bewerbungspapier täglich erhielten, als sie Bäume für ihre Regale abholzen können, fügte ich frustriert an. Daraufhin sah sie mir zum ersten Mal ins Gesicht, kritisch, einen Penny für ihre Gedanken, und tippte mit ihren kunstvoll bemalten Fingernägeln auf der Tastatur umher. Anschließend spuckte der Drucker als letzte Antwort auf all meine nicht gestellten Fragen eine Adresse aus, und das war die eines gemeinnützigen Trägers. Von da aus gelangte ich dann in die Schreinerei der Behindertenwerkstatt. Wenn mein zweiter Vorname nicht schon Toleranz hieße, lautete er Flexibilität.

3

Die Tür von Alfons Büro ist nur angelehnt. Er scheint zu telefonieren. Das typische ›Hmhm. Ja. Hm. Okay, aber ...‹, jetzt wird er ein wenig hektisch, ›das ... nein ... Sie können doch nicht ...‹, der andere scheint die besseren Argumente oder die bessere Stellung zu haben, Alfons Stimme senkt sich, ›Ja, ist gut ... ich werde, ... wie Sie meinen, ... ja, Sie können sich darauf verlassen ...‹, er scheint um den Schreibtisch herumgegangen zu sein und Richtung Fenster zu sprechen, denn jetzt verstehe ich keine Bruchstücke mehr. Wahrscheinlich hat er wieder einen Disput mit dem Träger der Einrichtung über den Einsatz von Mitteln. Alfons hat zwar nicht den ganzen Laden zu verwalten, sondern nur die Schreinerwerkstatt, doch auch das befreit ihn nicht von der betriebswirtschaftlichen Seite. Obwohl er sich eigentlich viel mehr um seine Mitarbeiter kümmern sollte, hat er sehr oft mit der Administration zu tun. Ich warte, bis er aufgelegt hat und klopfe.

»Ja«, kommt es gestresst aus dem Inneren des kleinen Büros. Bevor ich irgendetwas sagen kann, geht Alfons mir mit ausgestreckter Hand entgegen:

»Du wolltest dich verabschieden ... ja, Mensch, schade, ich habe bis zuletzt gehofft, dass du verlängern kannst ... doch der Auftrag, du weißt, der von der einen Firma, die die Fahrradständer bestellt haben, ja, die Firma hat Konkurs angemeldet und eben das, das war die Chefetage, die haben noch mal deutlich gemacht, dass auch wir sparen müssen ... und der Gesetzgeber weiß ja auch noch nicht, was er nach dem halben Jahr Beschäftigungsverhältnis mit den Leuten machen soll ... was hast du denn jetzt vor? Also, wenn was ist ...«, sprudelt es nervös aus ihm heraus, wobei er die ganze Zeit meine Hand fest umklammert und nicht loslässt, als wäre Leim dazwischen. 10,40 Euro für eine volle Arbeitskraft täglich und sie müssen sparen. Außerdem bekommen sie noch Geld dafür, wenn sie Langzeitarbeitslose ›weiter qualifizieren‹. Wahrscheinlich muss man nicht alles verstehen. Vielleicht muss ich meinen Anspruch an das Leben im Allgemeinen und mich im Besonderen reduzieren, denk ich mir. Alfons wirkt sehr angeschlagen. Abrupt lässt er meine Hand los, die halb taub neben mir herbaumelt.

»Stress?«, wage ich die Frage. Mein Gegenüber strubbelt sich durch die glänzend schwarzen Haare, wobei große feuchte Flatschen unter seinen Achseln sichtbar werden. Obwohl er nur ein Jahr jünger ist als ich, hat er noch kein einziges graues Haar. Wahrscheinlich liegt es daran, dass er nie verheiratet war.

»Ja«, kommt es abwesend aus dem schmalen Mund. Alfons könnte einen richtigen Schlag bei den Frauen haben, würde er ein bisschen mehr auf sich achten. Er neigt seit kurzem zum Bauchansatz und ich habe ihn schon beim Trinken ertappt. Schade, das wäre wirklich schade, wenn so ein vom Helfen beseelter Mensch vor die Hunde ginge. Ich will ihn seiner selbst überlassen und wende mich zum Gehen.

»Ach, Heiner, lass mal deine Handynummer da, vielleicht komme ich noch mal auf dich zu, vielleicht ergibt sich ja was«, seine Gemütslage scheint sich ein wenig erholt zu haben, dem Klang seiner Stimme nach zu urteilen. Ich habe gar kein Handy.

»Du erreichst mich unter dem Festnetzanschluss, manchmal auch unter dieser Nummer.«

›Heute ist nicht alle Tage, ich komm wieder, keine Frage‹, endet Billes rosarote Panther-Strophe in meinem Kopf. Ich kritzle ihm die Nummer von Rudis Tankstelle auf die Schreibtischunterlage.

»Ich muss noch ein paar Anrufe machen und dann kann ich dir mehr sagen. Vielleicht könntest du mir aus der Klemme helfen«, redet Alfons, den Blick nach innen gerichtet. »Ja, ja, keine schlechte Idee ...«, murmelt er, greift zum Hörer und gebietet mir durch sein Innehalten beim Tippen der Nummer, dass ich gehen soll.

Wir heben beide eine Hand zum Gruß und ich verlasse sein Büro. Ob er mich tatsächlich anrufen wird um mir einen Job anzubieten. Ich habe erfahrungsgemäße Zweifel. Immerhin kann ich noch in der Tankstelle arbeiten. Bei Rudi werde ich jetzt wohl öfter jobben, hoffe ich. Man gönnt ja niemandem was Schlechtes, aber wenn Aaron, Siegener Student der Wirtschaftsinformatik und Anwärter auf die B-Mannschaft der Siegener Sportfreunde, seinen Kreuzbandabriss immer noch nicht auskuriert hat, dann könnte ich seine Schichten übernehmen. Die eigene Not zehrt mal wieder an meinem sozialen Gewissen.

Als dies das letzte Mal der Fall war, hatte ich anschließend eine Menge Aufregung und schlussendlich einen Anflug von Liebeskummer. Kennen Sie das? Sie begegnen einem Menschen, von dem Sie geglaubt haben, dass es ihn in Ihrem Leben niemals mehr geben wird. Sie sind begeistert, fasziniert, ja, verliebt. Verliebt in eine Vorstellung, wie sich dann herausstellt. Immerhin eine wahnsinnig schöne Vorstellung. Immerhin. Besser als nix, ist dann die Frage, die sich stellt, wenn Sie die Vorstellung im persönlichen Kontakt erleben und sich die Prinzessin oder der Prinz als ganz normaler Mensch entpuppt, der wohlmöglich, sicher wahrscheinlich, ganz andere Vorstellungen von Ihnen hat, als Sie von ihm oder ihr. Und ganz sicher eine komplett andere Vorstellung von dem, was Sie sich als nähere Zukunft gewagt haben auszumalen. Peng. Was bleibt, ist die Erkenntnis, dass es nie aufhört, selbst dann nicht, wenn man vielfach eines Besseren belehrt wurde, es hört nicht auf, bleibt am Menschsein haften wie die Fliege am verlockenden, klebrigen Deckenhänger, die Anfälligkeit sich zu verlieben. Schlimmstenfalls ergeht es einem bis zum Ende so. Nein Mann, das will ich mir nicht vorstellen. Außen verdorrt und verschrumpelt und innen begierig, hitzig wie ein Gigolo, durstig nach prallem Leben, festem Fleisch. Welch Ungleichgewicht. Und alle würden es sehen, nur du selbst hieltest dich weiterhin für den unwiderstehlichen Frauenbeglücker. Wird Mann denn nie klüger?

4

Irgendwie hat mich die Begegnung mit dem leicht wuschigen Alfons zerstreut. So stehe ich da auf dem Flur, die junge polnische Putzfrau mit ihren eingewachsenen MP3-Player-Stöpseln in den Ohren rempelt mir rückwärtig den Schrubberstiel ins Kreuz, ich habe sie gar nicht kommen hören, erschrocken blicken wir uns an. Dem Schreck folgt ein zaghaftes Lächeln auf beiden Seiten. Ihr Blick aus smaragd-grünen Augen bringt mich zu dem zurück, was ich tun wollte: Katzenfutter kaufen. Der Himmel hat eine Entscheidung getroffen. Es regnet schnurgerade auf die Erde herab. Die dicken Tropfen platschen auf den Teer, um als kleinere Spritzer wieder hoch zu springen. Ich muss zum Auto rennen, um nicht klatschnass zu werden.

In der Einrichtung sind Haustiere verboten, daher Annegrets und meine Geheimhaltung bezüglich der alleinerziehenden Katzenmutter. Jetzt muss ich mich sputen, denn der Laden macht gleich zu. Irgendwie blicke ich eh nicht durch mit den gemischten Öffnungszeiten in den Randbezirken. Mitten in Siegen ist das einfacher. Ich lebe auf dem Land, daher ist mir auch mein Auto von elementarer Bedeutung. Frau oder Auto, die Frage könnte ich aus dem Stehgreif beantworten. Oft fahre ich Fahrrad, nicht nur weil ich es gerne tue, ich muss, denn das Tanken ist mittlerweile für mich zu einer Art Event geworden, eines von sportlicher Natur. Ich tanke immer auf den Cent genau für 18,88. Der Preis ist überschaubar und mehr kann ich meist nicht abknapsen. Manchmal, wenn Rudi seinen sozialen Tag hat und eine Fuhre für den Schrottplatz, dann darf ich mir das Benzin aus den Wracks absaugen. Aber ›Psst‹ sagt er dann immer. Als wenn ich das rumerzählen würde. Beim ersten Mal habe ich eine volle Ladung Super in den Hals bekommen. Für meine Lebenshaltungskosten war der Tag auch super. Bleifrei wirkt appetitzügelnd. Abgelaufene Fishermanns gab es stattdessen zu essen.

An der Aldi-Kasse wundere ich mich erneut, wie es manchen Menschen gelingt, ihren Job nicht zu verlieren. Die Kassiererin ist dermaßen unfreundlich. Sie staucht vor mir eine junge Mutter mit ihrem Kind zusammen, weil sich das schätzungsweise vierjährige Mädchen erdreistet hat, beim Einräumen des Wagens behilflich sein zu wollen mit dem Ergebnis, dass ein Päckchen Buchstabennudeln neben dem Wagen landete und aufplatzte, da das Einkaufsvehikel nicht in der vorgezeichneten Position stand. Platzen könnte ich auch vor Wut darüber, wie die Person an der Kasse das Kind anherrscht und anschließend eine Auszubildende anblökt, sie solle nicht so dumm rumstehen und eine Kehrschaufel holen. Solange es in Deutschland noch keine Mordanschläge auf Supermarktkassiererinnen gibt, solange kann man für die Welt noch hoffen. Das Gros der Spezies Mensch kann also nicht so schlecht sein. Ich überlege mir eine Freundlichkeitsattacke für den Drachen, da ich gar keinen Wagen genommen habe, mir fehlte die entsprechende Münze und außerdem wollte ich ja nur das Katzenfutter.

»Einen wunderschönen guten Abend«, lenke ich ihren mürrischen Blick von der Lücke am vorgeschriebenen Wagenplatz auf meine Person, was ihre Gesichtszüge noch um eine weitere Spur talwärts entgleisen lässt.

»Das nächste Mal werde ich Sie nicht mehr abkassieren ohne Wagen. Haben Sie doch eben gesehen, was da alles ... 9,90«, pampt sie mich an.

»Das nächste Mal werde ich auf Ihrem Platz sitzen«, grinse ich sie an. Ha, jetzt ist sie aus dem Konzept, erhebt ihren bis Ladenschluss programmiert festgewachsenen ausladenden Hintern unplanmäßig aus der Kassenbox, der Stuhl atmet auf, um den Marktleiter ins Visier zu bekommen. Der knochendürre Mann erscheint wie gerufen neben den roten Grablichtern zu 2,99 im Fünferpack, ich winke ihm zu und sage: »Auf Wiedersehen und bis Montag dann!«

Hehe, das hat gut getan. Heiner, so kenne ich dich gar nicht, wundre ich mich. Mit dem verbliebenen Rest Nudelbuchstaben auf dem Kehrblech der Auszubildenden ließe sich das Wort Hoffnung bilden. Lediglich das G fehlt.

Auf dem Parkplatz reißt die Wolkendecke über mir auf, die Feuchtigkeit des regennassen Asphalts beginnt zu verdunsten, ich mag diesen Geruch. Die Sonnenstrahlen des Frühlings haben schon wärmende Kraft. ›Wochenend und Sonnenschein‹ stimmen die Comedian Harmonists an. Das fröhliche Lied erklingt von irgendwoher erinnernd aus den Speicherarealen meines Gehirns. Ach ja, das Leben! Das Leben, doziert mein Vater, ist kein Selbstbedienungsladen ohne Kassierer. Es ist hart und geprägt von Entbehrungen und man bekommt nichts geschenkt. Er predigte nur unter Einfluss von zwei Flaschen Apfelwein, dem billigen. Ansonsten hat er sich immer aus der Erziehung rausgehalten. Manchmal ist mir, als wäre er schon längst verstorben. Ist er aber nicht, nicht physisch. Wahrscheinlich ist er neben meiner Mutter durchsichtig geworden. Tonlos war er sowieso. Die Maulfaulheit gehört hierher wie das Einregnen. Plaudertäschchen ziehen höchsten zu und zwar alle in meine nähere Umgebung. Anders ist es nicht zu erklären, dass ich die Redseeligen dann an der Backe habe. Ich bin ein aufmerksamer Zuhörer, was auch meine Ex zu schätzen wusste. Doch jetzt muss ich was gestehen, im Laufe unserer langzeitlichen Ehe stellte sich bei mir so eine Marietaubheit ein. Die zeigte sich dadurch, dass ich, sobald der Klang ihrer Stimme abebbte, nur noch genickt oder gebrummt habe. Kennen Sie das?

5

Derzeit textet mich mein neuer Nachbar zu und ersetzt mir das Fernsehen. Mein Apparat hat seine Funktionen stückchenweise aufgegeben. Erst verschwanden die Farben blau, grün und gelb, anschließend schaltete das Gerät auf Stummfilm wann es wollte. Ich werde mir keinen neuen Flimmerkasten zulegen, Reparatur hat auch keinen Zweck, so scheint es, denn der neue Nachbar, Radio- und Fernsehtechniker sei er, hat er gesagt, bemüht sich schon seit Tagen allabendlich, während des reichlichen Konsums von mitgebrachtem Dosenbier. Ich gehe mal davon aus, dass er überhaupt keine Ahnung von dem Gerät hat. Trotzdem glimmt ein kleiner Funken Hoffnung in mir, dass der Nachbar den Fehler vielleicht doch findet. Ein ebenso kleiner Funke glüht auch in mir in Bezug zu Alfons Gerede, dass ich ihm vielleicht aus der Klemme helfen könne.

Beim Zuschlagen der Fahrertür rappelt die Scheibe vorwarnend. Nein, du wirst nicht in der Tür verschwinden, ich verbiete es dir! Wenn es jetzt bald wärmer wird, könnte ich mal testen, ob das Verdeck noch funktioniert. Das wäre der Hammer, Heiner Himmel mit grauem Haar im ebenso grauen Cabrio.

Beide etwas zerkratzt und verbeult, aber immer noch schnittig, ich sag nur 2-Liter-CTI. Bei der Figur, die ich dann abgebe, muss ich grinsen. Ich brauche unbedingt ein neues Zopfgummi, eines das zum Wagen passt. Das rosa Puschelteil von Annegret scheint den Stil nicht ganz zu treffen.

Durch den Hinterhof schleiche ich mich heran, das Futter unterm Arm. Gleich müsste Annegret kommen. Die Kätzchen sind in ihrem Versteck, die Mutter hat sie noch nicht davongetragen. Ich könnte ja schon mal das Wasser austauschen. Ganz in der Nähe steht eine Gießkanne zu diesem Zweck. Ebenso leise wie ich hergeschlichen bin, schleiche ich um einen Palettenstapel und erspähe Alfons, wie er mit großen Schritten zielstrebig durch den Hof marschiert. Im Schatten des Torbogens zum Fuhrpark erkenne ich schemenhaft einen schlaksigen Mann. Geradewegs auf ihn stapft Alfons zu und geht ihn rüde an. Er solle verschwinden, sich hier nie wieder blicken lassen. Der Mann erwidert etwas. Jetzt packt Alfons ihn am Kragen, schubst und schüttelt ihn durch, sagt laut und drohend, dass sie nicht hier sei und er sich von ihr fern halten soll, alldieweil, er hat wirklich alldieweil gesagt, könne er sich vorstellen, ihm eingespannt in der Drechselbank eine bleibende Lektion zu erteilen. Er könne auch jetzt gleich die Polizei rufen. Das Argument Alfons' war wohl überzeugender. Der geschüttelte Schlaks grinst schief und geht rückwärts durch das Tor. Er sagt noch was, formt mit der Hand eine Pistole und gibt einen imaginären Schuss ab. Der wurde schon öfter geschüttelt. Dann höre ich aus dem Haus einen schrillen Schrei. Gunthers Abendwahnsinn setzt ein, und um den in Schach zu halten, braucht es jeden Mann. Alfons wendet sich ab und hastet Richtung Haus. Rätselhaft, dieses Benehmen von Alfons. Als ich hier anfing, wirkte er ausgeglichener. Von hinten tippt mich was an die Schulter. Erschrocken fahre ich zusammen. Annegret kommt ganz nah: »Du stinkst«, dabei grinst sie und ich versuche sauer drein zu schauen.

»Du stinkst gut«, sie kichert.

Ja, meine Waschmaschine ist auch kaputt, ich weiß, ich sollte meine Hemden nicht zweimal tragen bei schweißtreibender Arbeit. Annegret kriegt sich gar nicht mehr ein und kichert in einem fort.

»Nu is aber gut«, raune ich und um sie an unsere geheime Mission zu erinnern, ziehe ich, Gelassenheit spielend wie ein Drogendealer, kurz das Futter hervor, um es anschließend wieder unter meinem Arm zu verbergen.

»Wo willst du es verstecken?« Bislang habe ich das Zeug immer mitgebracht, doch da mein Engagement nun beendet ist, muss sie eine geeignete Stelle dafür finden. Ich hoffe für Annegret, dass ihr etwas einfällt und dass sie es auch für sich behalten kann. Meine bisherige Erfahrung mit den meisten Bewohnern hier ist die, dass sie entwaffnend ehrlich sind. Sie können nicht lügen, jedenfalls nicht glaubhaft. Verwechseln, verschweigen oder vergessen, das ja, aber berechnend erfolgreich lügen, das habe ich persönlich noch nicht erlebt. Wenn man sie konkret auf etwas anspricht, können sie einfach nicht souverän lügen. Jedenfalls die Kollegen, die ich bis jetzt kennen gelernt habe.

Gudrun beispielsweise behauptet jeden Mittag, wenn es knackfrisches Gemüse gibt, sie hätte keine Zähne. Dabei zieht sie dann die Lippen über ihr Gebiss und spricht entsprechend undeutlich.

6

Für Annegret wäre es sehr schade, wenn die Katzen fort müssten. Ihr Sprachschatz hat sich deutlich vergrößert seit wir die Tierchen pflegen. Vor den Katzen hat sie keine Hemmungen etwas undeutlich oder falsch auszusprechen. Überhaupt, wenn ich das Leben und die Menschen hier in diesem Paralleluniversum vergleiche mit dem, was allgemeingültig als Normal gilt, muss ich mich manchmal über die Einteilung wundern. Die Menschen hier sind wenigstens echt und ehrlich in ihrer Ausdrucksweise, wenngleich bisweilen etwas spontan, wie Gunther zum Beispiel. Mich würde mal interessieren, wie die gesetzlich Bevormundeten über uns denken. Bille sagte mal über Alfons, er wäre verrückt, so wie er sich immer unter Stress setzen ließ. Billes Einschätzung traf den Sachverhalt schon recht gut. Ich hätte gerne Gelegenheit, mich länger mit den verborgenen Welten auseinander zu setzen. Durch genaue Beobachtung könnte man sicherlich einiges herausfinden. Die Festangestellten hatten kaum Zeit für so was. Und du, lieber Heiner, hast gar keine Ausbildung für so was. Immer wenn es ums Demotivieren geht, kommt die Stimme meiner Mutter ins Spiel. Ich puste ein Pah in die Atmosphäre, um sie loszuwerden. Vielleicht verhelfen ja einige

Techniken, die Marie bis zum Überdruss vorzeigte, doch zu mehr Ausgeglichenheit, wenn man es richtig anstellt. Negative Energien wegatmen. Also atme ich.

Am Rande des kleinen Kräutergärtchens öffnet Annegret eine Bodenluke, die sich unter einigem Geäst verbirgt. In der kleinen Grube liegt eine Holzkiste.

»Mein geheimer Schatz«, grinst sie mich spitzbübisch an. Und ich dachte, ich kenne sie und wüsste alles. Sich vorsichtig umschauend, legt sie das Futter zu ihren Sachen. Ich erhasche einen Blick auf ein Fotoalbum, ein Büchlein, das aussieht wie ein Poesiealbum, Müsliriegel, eine Dose Ravioli, bunte Steine unterschiedlicher Größe, einfache Kiesel, Steine, die ausschauen wie kleine Vogeleier, Lippenstift und Milka-Herzen, sie bietet mir eines an. Die sind schon sehr weiß angelaufen, verflossene Herzen. Ich nehme freudestrahlend eines entgegen. Die Schachtel wird vor Ort leergefuttert und ich werde die Spuren beseitigen, indem ich den Müll mitnehme.

»Was sind das für Steine?«, frage ich sie und zeige auf die kleinen gefleckten Eiförmigen.

»Weiß nicht. Habbich gefunden, da hinten unterm Busch. Alf weggeworfen. Da war er böse mit dem hässlichen Mann, genau wie eben.«

»War der hässliche Mann schon mal hier?«, frage ich. Sie bejaht, betrachtet die Steine und zieht dabei die Brauen zusammen. »Daffich behalten, oder?«

»Klar, wenn Alfons sie weggeworfen hat«, nicke ich ihre aufkeimenden Zweifel beiseite und frage mich gleichzeitig, warum Alfons Steine unter seinen geliebten, mit viel Fleiß und Geduld zum Heinzelmann gestutzten Buchsbaum wirft. Ein Hobby von Alfons ist das kunstvolle Beschneiden von Bäumen. Er hat auch eine stattliche Anzahl von Bonsais in seinem kleinen Gewächshaus. Jetzt, wo ich dran denke und bewusst schaue, fällt mir auf, dass dem Heinzelmann Blätter aus der Nase wachsen, was ihn verschnupft aussehen lässt. Alfons scheint wirklich Stress zu haben derzeit. Ich würde ihm gerne Arbeit abnehmen, wenn ich könnte. Annegret drückt mich noch mal zum Abschied und neben dem klebrigen Honig von eben wird ein frischer Schokoladenabdruck meine Backe zieren.

»Nich abwaschen, versprochen?« Ich nicke abermals und begleite Annegret noch zur Tür, die in ihren Trakt führt.

»Jetzt aber schnell!«

7

Die Sonne scheint, der Tank ist noch ausreichend gefüllt, der Vermietersohn hat so geparkt, dass ich mein Auto auch noch vorm Haus abstellen kann, eigentlich steht einem gemütlichen Krimiabend nichts im Wege. Ach Mist, die Glotze ist mit nahezu hundertprozentiger Sicherheit immer noch kaputt. Vor der Tür meiner kleinen Dachwohnung steht schon der Nachbar samt tragbarem Fernsehgerät, aber nicht mein Gerät. Der Kasten zählt mindestens schon 25 Jahre und wenn man den Staub entfernt, erhöht das die Chance auf ein farbiges Bild.

»Ist zwar nur schwarz-weiß, aber funktioniert besser wie dein Alter, Alter«, der Nachbar verzieht den Mund zu einem lückenhaften Grinsen. Nein, ich will gar nicht wissen, was er mit meinem Fernseher angestellt hat.

»Also, echt ey, da war nichts mehr zu machen. Kalte Lötstelle, hoffnungslos. Der Fehler muss schon drin gewesen sein. Du hattest bestimmt immer schon so ein rötliches Bild«, ich nicke, denn das mit dem Rot weiß er von mir, »daran kannst du es erkennen.«

»Wo ist das Gerät jetzt?«

»Bei mir unten. Ich hab das nicht verhökert, aber, wenn ich ehrlich bin ... also, ich kriege es nicht mehr zusammen, da ist mir beim Gehäuse so eine Nase abgebrochen.« Kalte Lötstelle, tz. Würde es sich lohnen ihm die Nase zu brechen? Ich schließe die Wohnungstür auf, er stemmt den alten Kasten und stellt ihn auf die umgedrehte Bierkiste, die als Fernsehsockel dient. Mit wenigen Handgriffen hat er das Gerät angeschlossen und tatsächlich, es funktioniert. Er schickt sich an, sich häuslich niederzulassen, doch seine ausdauernde Präsenz verkrafte ich heute nicht.

»Danke, Schorsch«, sage ich freundlich und dränge ihn hinaus.

»Geliehen«, bemüht er sich noch schnell zu sagen, reibt sich eifrig die Hände an der speckigen Jacke, ganz so, als hätte er sie sich zuvor durch reichliche Arbeit beschmutzt. Ich gucke jetzt ein bisschen weniger freundlich.

»Ach was, behalte ihn solange du willst«, dabei setzt er sein Gönner-Gesicht auf. Ich starre ihn nur noch an und mein Blick schickt ihn rückwärts zur Tür hinaus. Bevor ich sie schließe, reiche ich ihm seine Biertüte.

»Schönen Abend dann noch«, murmelt Schorsch und guckt wie ein geprügelter Hund. Die Gestaltung seines Abends ist jetzt alleine sein Bier, heute nicht mit mir.

Ich trinke ja nur noch Alkoholfreies. Meist das abgelaufene aus der Tanke. Bier mit Umdrehungen läuft nicht ab in Rudis Shop. Schorsch bringt sich sein Stöffchen immer selbst mit, gutes Hansa, wie er immer sagt. Doch seine blauen Stunden bei mir muss er sich jetzt für eine ganze Weile abschminken. Ich weiß eh nicht, wie ich ihn weiter mit dieser Regelmäßigkeit aushalten kann. Er wohnt erst seit drei Wochen im Nachbarhaus und bereits nach drei Tagen kannte ich seine komplette Lebensgeschichte bis ins zehnte Glied. Schlesier, Spanier, Franzosen und Russen seien in ihm vereinigt. Anfangs waren seine Geschichten ja auch noch interessant, doch dann begannen ähnlich wie im Fernsehen die Wiederholungen und die Leier davon, wer ihm alles was schuldig ist. Das Land und die Politiker, die Fremdenlegion, bis hin zur Ex und den eigenen Kindern, die nichts mehr von ihm wissen wollen. Schnaps, Rebensaft, Wodka, Bier und Spaßgetränke sind heute in ihm vereinigt. Irgendwie ein armer Hund, habe ich mir anfangs voller Mitleid gedacht. Die Kälte, wie er es sagte, die ihm überall in diesem Land entgegenschlug, nur weil er gerade auf der Schattenseite des Lebens parkte. Da konnte ich ihm nicht die Tür vor der warmen Stube zuschlagen. Bis gestern. Heute kann ich. Gestern schon stellte sich heraus, dass Schorschs andauerndes Bad im Selbstmitleid meinen Teppich durchtränken würde, um sich dann den Weg in die untere Wohnung zu bahnen und ich bin nicht versichert gegen Abwasserschäden. Er hatte seine Chance bei mir, die Sache mit dem Fernsehapparat, und er hat sie vermasselt. Jetzt will ich nur noch meine Ruhe. Pass auf, dass du heute Abend nicht selbst den Teppich einnässt, das war meine Schwester in ihrer schnippischen Art, die sie vor, während und nach ihrer Pubertät am Leib hatte.

Gewohnheitsmäßig reiße ich den Kühlschrank auf, nichts drin, außer der angebrochenen Dose Hering.

Essen, auch so eine Gewohnheit, die man schwerlich einstellen kann. In der Tüte auf dem Tisch ist noch ein trockener Brotkeil, hinten im Gemüsefach klebt ein Tütchen Majo, fehlt zum vollendeten Gaumenschmeichler eine Prise Kräutersalz, das Dinner ist angerichtet, dazu ein alkoholfreies Bier. Ich schalte das vorsintflutliche Gerät auf zwei und es erklingt die vertraute Musik, dam da dam, da da dam da dam ...

8

Krimi auf Rezept, für 60 Minuten den Sorgen von morgen entfliehen, entspannen, später vorm Schirm wegpennen, ins Bett schlappen ohne Licht und Gehirn noch einmal anzuschalten. ›.... und dann mit mir im Wald allein‹, bringen die Harmonists nun etwas leiser zu Ende, was sie vor einer Stunde euphorisch begonnen hatten. Ich werde jetzt konzentriert die Handlung verfolgen, meine Stulle kauen und zufrieden sein. Genau, guck dir den Schorsch an, so willst du doch wohl nicht enden, ergänzt Schwesterherz nun etwas einfühlsamer.

Der Fernsehdetektiv schleicht gerade in einer finstren Halle umher, man ahnt es schon, gleich kriegt er wieder eine verbraten und Schnitt. Ein langer, dicker Gegenstand durchschneidet die Luft und landet auf seinem Hinterkopf. Der private Ermittler schneidet eine Fratze, sinkt schwer zu Boden, man sieht eine Schuhspitze sich nähern und Schnitt. Hach, ist das schön, wenn man noch nicht zu blöd ist, die Szenen vorauszusehen. Ist ja beinahe wie im richtigen Leben auf Familienfesten. Man weiß immer genau, welche Phrasen als nächstes die Münder verlassen und nichtssagend in kleinen Wellen die Atmosphäre vermüllen. Locationwechsel, fleißige Sekretärin in Kanzlei tippt, das Telefon klingelt, sie greift zum Hörer. Jetzt müsste es rein theoretisch aufhören zu klingeln. Tut es aber nicht, es verlangt weiterhin Aufmerksamkeit. Ich stelle fest, es ist mein eigenes.

»Mööönsch, das hat aber lange gedauert«, röhrt es durch den Apparat.

Es ist Freund Rudi. Ob ich morgen aushelfen kann, da Aaron unbedingt im Leimbachstadion auf der Ersatzbank dabei sein will. Wir unterhalten uns noch ein wenig über den Aufstieg des Siegener Clubs aus der Regionalliga Süd in die zweite Liga. Wäre ja der Hammer, wenn Siegen in der Rückrunde gegen den VfL Bochum auch noch gewinnen würde. ›Hand in Hand, von Sieg zu Sieg, Sportfreunde Siegen‹, stimmt Rudi an, bis er Kundschaft bekommt und der Fernsehdetektiv seitens der Rechtsanwaltskanzlei den offiziellen Auftrag, nach einem möglichen Alibi eines Hauptverdächtigen zu suchen. Er soll mal wieder die Arbeit der Polizei erledigen, stöhnt er, sich die Beule kühlend und frohlockend, da die Kohle winkt. Weil ich morgen Aarons Schicht übernehmen kann, sage ich zu und rechne meinen Lohn in Lebensmittel um. Rahmspinat mit Spiegelei für eine ganze Woche.

Ich stehe inmitten eines Dschungels, einen Bundeswehrklappspaten in der Hand und schaufle ein tiefes Loch, über mir verdunkelt sich der Himmel, ich habe nur einen Gedanken im Kopf: Wo ist die Leiche und wen zum Teufel habe ich eigentlich umgebracht. Warum, das wusste ich noch, der Typ hat mich genervt bis zum Anschlag, da habe ich ihn eliminiert. Doch jetzt plagt mich das schlechte Gewissen. Ich will die

Sache irgendwie in Ordnung bringen und grabe wie ein Besessener. Unten im Loch wird was erkennbar. Herzen aus Schokolade. Über mir beginnt es grün zu regnen, irgendwo da draußen schrillt eine Sirene, jetzt bollert es. Langsam dringt eine Stimme in mein Bewusstsein:

»Heiner Himmel, Einschreiben. Ich habe ein Einschreiben für dich.« Die Stimme gehört Matthias Schnitzler, dem Briefträger. Ich rufe ein Ja-ich-komme-Moment. Mühsam rapple ich mich auf. Das ist ja ein Ding. Da träume ich einen Alptraum von vor zwei Wochen weiter. Ist Ihnen das schon mal passiert? Vor zwei Wochen erst hatte ich einen Kerl ermordet und heute mache ich mir Gedanken um den Verbleib der Leiche. Mein Kopf brummt, mein Magen knurrt. Aus den Augenwinkeln sehe ich den großen schwarzen Zeiger der Küchenuhr auf halb neun spazieren. Ist das früh.

»Heiner Himmelarschundzwirn, siehst du übel aus. Hast du einen gemacht?«, fragt mich Matthias, rotwangig und gut gelaunt.

»Ich trinke doch nicht mehr, Matthias Jägerschnitzel«, belehre ich ihn muffelig, um gleich anschließend ebenso schief zu grinsen wie er. Unser üblicher Schlagabtausch.

Wer sendet mir so was? Staatsmacht? Er gibt mir den Umschlag, ich unterschreibe die Empfangsbestätigung. Wir wünschen uns noch einen schönen Tag und ich schlurfe in die Wohnung zurück. Mein Vermieter. Warum schreibt der mir, der kann doch mit mir reden. Ich werfe einen Blick auf den Teppich. Der ist trocken, kein Wasserschaden. Normalerweise benötige ich einen halben Tag, um mich von Träumen, in denen mich das Übel plagt, zu erholen. Im Grunde bin ich noch nicht aufnahmefähig für ein Einschreiben. Erst mal einen Kaffee. Ich sitze am Küchentisch und wende den Brief in der Hand, so wie es manchmal alte Leute tun, denen etwas geschieht, was ihnen in ihrem Einerleialltag nie passiert. Sie dehnen das Erlebnis aus, machen einen Akt draus. Nur nichts übereilen. Wo habe ich eigentlich rumgegraben? Die Gegend kam mir irgendwie bekannt vor. Ich komm nicht drauf.

9

Der Kaffee ist durch. Das wird quasi mein letzter sein in diesen Wänden, erfahre ich aus dem Brief: Kündigung wegen Eigenbedarf. Kneif mich mal einer. Ist noch einer da, höre ich die Sportlehrerin aus alten Tagen in die Umkleide rufen. Keiner, nur Heiner, rufen einige Kinder zurück, die mir meine Klamotten oben um die Duschköpfe gewickelt haben und die zwangsläufig anschließend braddelnass waren. Begossen fühle ich mich jetzt auch. Wenn ich nicht wüsste, dass Mord für mich keine Alternative ist, könnte ich grad mal. Dämlicher Horst! Feiges Gesicht. Vorgestern erst fragte er scheinheilig wie es mir denn ginge, arbeitsmäßig und so. Scheiße, Entschuldigung, mir geht es scheiße. Arbeitslos, wohnungslos, aber nicht aggressionslos. Und bitte, werde nicht mutlos, das ist klein Heiner in mir, der mich anfleht, nicht den Kopf in den Sand zu stecken. Immerhin hast du noch einen Aushilfsjob. Also bist du noch nicht alles los. Das stimmt. Halte dich an das, was du hast, nicht an das, was fehlt! Ich umklammre den heißen Pott Kaffee. Hunger hätte ich. Nein, das gilt nicht, mal ernsthaft. Okay, Bestandsaufnahme unter der Dusche. Wenn ich mich schon begossen fühle, kann ich auch gleich duschen. Was habe ich? Ich habe mich, einen gesunden

Mittvierziger. Du könntest deine Haare einem Perücken- oder Pinselmacher verkaufen, gehe ich mit mir in den Dialog. Wir sind doch nicht in Asien und wer will schon einen gräulichen Haarersatz. Gestorben. Du hast ein Auto, das könntest du auch verscherbeln. Nee, kommt nicht in Frage. Gestorben. Du verkaufst die Wohnungseinrichtung, schnürst dein Bündel und wanderst durch die Welt, wolltest doch immer schon mal was Neues entdecken, hmmm, nee, da bin ich noch nicht bereit zu. Vertagt. Du könntest endlich deine Carrerabahnen nebst Zubehör verkaufen, erinnere dich, das hattest du schon mal vor. Jetzt wäre ein sehr geeigneter Moment. Vorschlag zähneknirschend angenommen, auch wenn's weh tut. Werd erwachsen, raunzt der Verantwortungsträger in mir. Noch mal zurück zur Wohnungseinrichtung, ich schäume mir den Kopf ein, die Elektrogeräte sind das einzige, was ich verkaufen kann. Der Kühlschrank ist noch aus der Ehe, mit eingebautem Dreisterne-Tiefkühlfach, eisige Stimmung inklusive. Für das Kücheninterieur soll Immobilienbesitzer Horst was hinlegen, das kannst du guten Gewissens verlangen. Akzeptiert. Gleich bei Rudi krallst du dir die Tageszeitung und studierst neben den Stellenanzeigen auch die Wohnungsangebote. Wer nimmt mich denn als Mieter? Darum geht es nicht, du musst was tun. Verfalle nicht jetzt schon in Lethargie, kannst du später immer noch. Es bleibt ein bisschen Zeit und die Möglichkeit zu klagen. Stimmt. Shampoo abspülen. Ich schrubbe mir den vergangenen und den laufenden Albtraum vom Körper. Cool and Fresh, steht auf dem Duschzeug. Und die Haare, die lässt du im Abguss, ist jetzt nicht mehr dein

Problem. Jau. Die beginnende Rohrverstopfung der Dusche muss mich nicht mehr kümmern. Es will sich fast so was wie gute Laune einstellen.

Ab ins Internet, dort liegt das Geld auf den Festplatten. Ich finde einen Sammler, der Carrerabahnen aufkauft. Besser en bloc, als alles einzeln zu Geld machen. Zwei, drei E-Mails später bin ich alle Teile los, herrje, eine halbe Kindheit für 330 Euro, verkauft. Die Nachfrage bestimmt jetzt den Preis. Der Mann kommt aus Herborn-Sinn und will sie sofort abholen. Das ging fix. Fast so schnell wie über die Datenautobahn ist er über die A 45. Sinn, sinniere ich noch, gibt mir das Gefühl, dass es irgendeinen Sinn macht, mein aufgekratztes Treiben heute Morgen. Bis der Mensch aus Sinn kommt, baue ich die kleinste Version der Bahn auf, damit er sich überzeugen kann, dass die Autos noch fahren. Ich heize einige Runden, Abschiedsfahrt und tschüß Porsche 911, tschüß March, tschüß BMW 2002, der Rundenzähler zählt bis drei. Es klingelt. Ein Hüne duckt sich durch die Tür, kommt herein, fährt, nickt, sackt ein und bezahlt. Ich könnte ihn nicht mal näher beschreiben, stecke wohl noch im Zeitfenster zwischen Traum und Wirklichkeit.

Und nun? Die Plattensammlung. Spinnst du? Nicht die Plattensammlung! Bevor einer wie ich seine Platten aufgibt, frisst er eher den Kitt aus den Fenstern. Vertagt.

Noch einen Kaffee. Meinst du nicht du zitterst schon genug? Okay, keinen Kaffee. Wahllos ziehe ich eine LP aus meiner Sammlung: Iron Maiden ›Live after Death‹. Das macht Sinn. Hast wohl schon Erscheinungen. Du bist zu oft allein. Nein, beschließe ich, es gefällt mir so. Die Nadel der alten SABA-Anlage lässt ›Die with your boots on‹ erklingen. Wenn das keine Motivation ist, ›if you're gonna die, you're gonna die‹. Auch keine neue Erkenntnis. Ich schiebe ›Run to the hills‹ nach, was mich dran erinnert, die Kalteiche rauf zu heizen, denn meine Schicht beginnt gleich.

Als ich die Tankstelle betrete ist mir, als rieche ich Rahmspinat. Kann man eine Fata Morgana auch mit der Nase wahrnehmen, frage ich mich.

»Hallo, Heiner, super, dass du einspringen konntest«, ruft Susanne, Rudis Frau, von hinten aus dem Separee.

»Willst du was mitessen?« Was für eine Frage!

»Es gibt nichts Besonderes, Kartoffelpüree mit Spinat und Fischstäbchen.« Wenn Rudi es nicht besser wüsste, könnte er meinen anhimmelnden Blick auf Susanne missverstehen.

»Möchtest du dazu noch ein Spiegelei?« Ich reiße ungläubig die Augen auf.

»Sehe ich so aus?«

»Ja«, sagt sie lachend, »genauso siehst du aus.«

»Hast du übersinnliche Fähigkeiten?«, frage ich sie, während sie zwei Eier in die Pfanne haut.

»Nee, eine alte Gefriertruhe, die den Geist aufgegeben hat. Bei uns wird es die nächsten Tage ausschließlich Spinat geben«, sie lacht herzerfrischend, während Rudi sein Gesicht angewidert in Falten wirft.

»Hau rein und beeil dich«, sagt er und verschwindet in den Shop.

Mit gedämpfter Stimme erzählt Susanne: »Das hat

er jetzt von seinem Sparzwang. Immer wenn es irgendetwas im Sonderangebot gibt, kauft er es gleich im Dutzend.« Sie grinst.

»Einseitig oder beidseitig?«

»Einseitig, danke.« Sie lädt mir die spiegelnden Eier auf den Spinatvulkan.

»Sehr schön«, lobe ich und beginne manierlich zu essen, obwohl ich vor Hunger schaufeln könnte.

Satt und zufrieden stelle ich mich 15 Minuten später dem Kundenstrom. Rudi, der außer Haus etwas zu erledigen hat, streckt noch mal den Kopf zur Tür rein.

»Da hat ein Kerl für dich angerufen, du sollst zurückrufen. Die Nummer steht auf dem Zettel neben der Kasse.«

Die Werkstattnummer. Während ich Alfons anwähle, überlege ich, ob ich mich freuen soll. Nach dem dritten Läuten meldet sich eine abgekämpfte Stimme. Es ist Alfons, der mir beinahe atemlos sagt, er melde sich wieder. Es sei gerade schlecht, aber die Lage wäre nicht hoffnungslos. Klack, aufgelegt. Was war denn das jetzt? Nein, ich freue mich besser nicht.

Manchmal wüsste ich zu gerne wie die Leute leben, die auf den letzten Drücker etwas in der Tanke kaufen. Was treibt sie um, welche Zwänge nötigen sie, einen dieser traurigen Blumensträuße in Zellophan zu kaufen. Welcher Besuch hat sich unvermittelt angekündigt, dass man noch einen Kuchen backen muss, doch hier gibt es keine Hefe. Trockenhefe, notiere ich auf meiner Liste der Verbesserungsvorschläge. Bei den Typen mit dem Dosenbier und dem Tabak braucht es nicht viel Fantasie. Wen muss die junge Frau gnädig stimmen, dass sie den überteuerten Cognac kauft, hektisch ihr letztes Geld zusammenkratzend. Wie oft wurde die kleine Dicke schon versetzt, dass sie den Bestand an Schokoriegeln aufkauft oder will sie die nicht alleine verdrücken, allein vorm Fernseher mit Locke Gottschalk. Welche Schuld will sich der Mann mit dem auffällig breiten, sehr glänzend goldenen Ehering an der rechten Hand abwaschen, der verlegen zur Toilette stürzt, Hemd und Haare in Unordnung. Einige Zeit später dann, kommt er aufgeräumt und nach frisch aufgetragenem Rasierwasser riechend an die Kasse, eine Schachtel Weinbrandbohnen unterm Arm. Ich würde ihm ja von den Bohnen abraten und einen witzigen Schlüsselanhänger aus Plüsch empfehlen. Frauen kaufen so was hier. Spontankäufe nennt das der Werbefuzzi. Es scheint, als hätte ich nicht alles aus der Umschulung vergessen. Ah, mein Spezi, der mit der rotblauen Knollennase, deren Maserung einer Straßenkarte vom Ruhrgebiet gleicht, sieben Kümmerling und kein Wort. Demgegenüber ein Trupp aus der jugendlichen Spaßgeneration, feixend, lachend, fünf Feiglinge, zwei Tüten Chips, schönen Abend noch, dir auch Kumpel. Sicher.

Gegen Mitternacht komme ich dazu die Zeitung zu studieren. Besonders die Kleinanzeigen interessieren mich. Biete, suche, bitte mit Gehaltsvorstellung an die Personalabteilung, zu Händen Herrn Obertürvorsteher ›Du-kommst-hier-net-rein‹. Nichts für mich dabei. Der Wohnungsmarkt verlangt bei den interessanten Angeboten Bewerbungen unter Chiffre. Keine Haustiere, keine Kinder, Nichtraucher – die meinen mich – Doppelverdiener oder Rentnerehepaar – nein, mich meinen die nicht.

»Na«, kommt Rudi aus der Kammer, in der er einige Stündchen geschlafen hat. Müde blinzelnd schaut er mir über die Schulter.

»Wohnungen? Du wohnst doch schon«, er kratzt sich geräuschvoll über die Bartstoppeln unterhalb des Kinns.

Ich berichte nüchtern von meinem Desaster, erspare dem Zuhörer große Emotionen wie Wut und Verzweiflung, mag mich nicht auflehnen, von Ungerechtigkeit reden und mich fragen: Warum ich? Es ist halt so.

»Kannst du nicht dagegen klagen?«, versucht Rudi mich zum Kampf zu bewegen.

Könnte ich, will ich aber nicht. Ich schüttle mein Haupt und schnaufe.

»Hier wird nicht geheult. Du weißt genau, ich kann dicke Frauen und alte Männer nicht weinen sehen.« Rudi grinst frech.

»Idiot«, entgegne ich lachend und will mit einem Scheibenschwamm nach ihm werfen, als das Telefon klingelt. Unfall auf der B 54, Stegskopf. Ein Militärfahrzeug und ein Zivilisten-Polo haben sich ineinander verhakt. Kollateralschäden in Form verbogenen Blechs und ein Schleudertrauma, doch das wird seitens Rudi nicht behandelt. Eigentlich verwunderlich, dass er sich noch nicht hat zum Sanitäter ausbilden lassen, bei seiner Geschäftstüchtigkeit. Schrauberklaus hätte ihm sicherlich einen Defibrillator zusammengetüftelt. Vor meinem geistigen Auge sehe ich gerade, wie Rudi sich über einen blutüberströmten, blassen

Mann beugt, ihm das Hemd aufreißt, dass die Knöpfe spritzen und ihm mittels zweier Bügeleisen Elektroschocks verpasst. Die haarige Brust bäumt sich auf, sackt wieder zusammen, jetzt von zwei verkokelten Dreiecken geziert, dünne Rauchspiralen steigen auf, der Herzmuskel hat nicht reagiert, Rudi zählt und will erneut ansetzen, ich bin völlig übermüdet und sollte nach Hause fahren.

Normalerweise hätte ich jetzt Schluss, doch so wie es aussieht, braucht Rudi einen zweiten Mann bei der Blechtrennung. Er ruft Susanne an, die den Shop auch im Pyjama beaufsichtigen kann. Seine Meinung. Susannes Antwort darauf ist zwar laut, aber mir unverständlich.

Kurze Zeit später brausen wir zum Unfallort.

»Der Polo ist ein Totalschaden«, klärt Rudi mich auf. Das sieht selbst ein Laie. Der Fahrer des Militärfahrzeuges ist abgehauen. Da hat wohl jemand unangemeldet eine Spritztour unternommen oder war betrunken. Der Polofahrer sitzt im Polizeibulli und guckt kariert.

»Scheiß Drogen«, murmelt Rudi und wir machen uns an die Arbeit.

Auf dem Rückweg mit den Blechschäden im Schlepp fällt ihm ein: »Heiner, also«, ui, wenn er schon im Vertrauenslehrertonfall anfängt, sollte man sehr aufmerksam zuhören, »wenn du nicht zu verwöhnt bist, was ich bezweifle, dann könnte ich dir einen Bauwagen anbieten. Nichts besonderes, er ist auch nicht mehr in einem Topzustand, aber, na ja, also, ich dachte nur ...« Doppel-Ui, wenn ich jetzt nicht augenblicklich

Begeisterung zeige, wird er gekränkt sein. Rudi ist ein herzensguter Mensch, doch seine uneigennützige Großzügigkeit hält sich in Grenzen. Er ist fair, keine Frage, aber er ist durch ein Geiz-Gen vorbelastet.

»Hey, das wäre super. Danke!«, platze ich glockenhell munter und freudig in Rudis schon in anklagenden Ton verfallen wollende Stimmlage. Ein Bauwagen, jesses, keimt das Gefühl in mir auf, das man hat, wenn man etwas zusagt und es im gleichen Moment schon wieder bereut. Während ich mit meiner Zukunft hadre, sie mir in den schlimmsten Farben zeichne, so ohne Strom, ohne Wasser, ohne alles, sprudeln die Details aus Rudi heraus. Und, welch unerwartete Freude, auf dem Grundstück im Liebenscheider Wald steht sogar ein Dixi, ja, und eine Quelle gibt es auch und wenn ich schon mal da bin, könnte ich doch den Bauwagen ein wenig sanieren, so dass er wieder transportfähig wird und wenn ich dann noch Zeit habe, könnte ich das Grundstück, es seien nur dreizehn Hektar, ein bisschen herrichten, mähen, Bäume fällen, Fischteich abdichten und so. Die Straßenunebenheiten und der zu weich gefederte Sitz lassen mich zu all dem mit dem Kopf vornüber wackeln.

»Was dagegen, wenn ich jetzt Feierabend mache?«, frage ich Rudi nachdem wir die Unfallfahrzeuge abgeladen haben. Der Chef winkt zum Abschied und ich rufe: »Bis Morgen dann und vielen Dank auch.« Wofür bedanke ich mich eigentlich immer. Ein Bauwagen. ›Ach du liebe Zeit‹ würde Bille jetzt rufen, sich die Hände theatralisch vors Gesicht schlagend, die Augen ungläubig aufreißend, wie früher die Darsteller in den alten Schwarzweißfilmen. Das wär's doch noch ... statt bis zum Ende der Kündigungsfrist Miete abzudrücken, ziehe ich zwei Monate früher aus und Horst kann in die Röhre gucken. Jawohl, so mache ich das! Die Sache mit dem Bauwagen beginnt mir zu gefallen. ›Here I am, rock you like a hurricane‹, schallt Klaus Meine aus den mickrigen Boxen.

10

Schweißtreibende Arbeiten habe ich am Hals und unter den Achseln. Am Hals hängt mir die Achse des Bauwagens, den ich ein wenig anzuheben versuche, damit Schrauberklaus einen Keil unter den Stützfuß stecken kann, um besser drunter schweißen zu können. Unter den Achseln klemmen mir Wattepads, die ich täglich an ein Labor im Saarland schicke, die dann meine Transpirationsergebnisse untersuchen. Ich habe auf eine Kleinanzeige reagiert, gesucht waren innovative Menschen, die nebenbei Geld verdienen wollen. Jetzt bin ich ein Versuchskaninchen, um mich nicht als Laborratte zu betiteln. Im Dienste der Wissenschaft teste ich die Wirkungsweise diverser Zusatzstoffe in Deodorants. Pheromone spielen da eine wesentliche Rolle. Bislang habe ich mir nur den Begriff gemerkt, aber mich noch nicht schlau gemacht, das sollte ich unbedingt nachholen. Den Stapel Kleingedrucktes habe ich zwar unterzeichnet, aber noch nicht alles gelesen. Als ich etwas von natürlichen Essenzen las, war ich soweit beruhigt, dass ich mit der Testreihe schon mal begonnen habe. Ich bin also quasi Doppelverdiener, wenngleich ich nicht wirklich viel davon habe. Die letzte Miete ist gezahlt, die Wohnung geräumt. Der Anblick von Horsts dämlichem Gesicht bei meinem

Auszug war's wert, das feste Dach früher aufzugeben als die Kündigung vorsah. Meine zukünftige Bleibe muss ich mir als Sanierer verdienen und Brot sowie Butter kann ich mir erschwitzen. Meine Job-Sprotte hatte keinerlei Ideen, wie es jetzt mit meiner Karriere von Amtswegen weitergehen kann, dafür freute sich die persönliche Arbeitsberaterin, genannt Pab, dass sie im vergangenen Monat einen Aushilfsjob als Muffenpuffer vermitteln konnte. Es ginge sicherlich aufwärts, sagte sie. Nur nicht mit mir, denn meine Daten sind durch eine Systemumstellung gelöscht worden und nun muss ich mit einer Verzögerung der Auszahlung rechnen. Meine künftigen Rechenoperationen werden sich also sämtlich im Minusbereich bewegen und das, obwohl ich demnächst eigentlich hätte schuldenfrei sein sollen, da die letzte Rate von Maries Ledersofa beglichen ist. Welch Glück, dass ich ab nächsten Monat halbwegs obdachlos bin, das spart eine Menge Fixkosten. Mein Engagement als Testperson verbietet mir Lauchartiges und Zwiebeln zu essen. Pizza und andere Fertigprodukte aus der Truhe sind demzufolge tabu, macht aber nichts, gefroren schmecken die eh nicht, denn ich habe ja keinen Ofen mehr. Telefon kann ich auch abmelden und GEZ ebenso. Den Computer habe ich Rudi versprochen. Seine Tanke wird mein Tor zur Welt werden, mein Büro, das Headquarter sozusagen. Residieren werde ich im Wagen. Der moderne Wanderarbeiter. Flexibler und mobiler geht's kaum. ›Country road, take me home, to the place I belong … Westvirgina …‹ stimmt John Denver in mir an.

11

Bislang sind die Dufttests noch relativ geruchsneutral. Auf den Extrakten steht nie eine Bezeichnung, damit man sich nicht darüber informieren kann und sich entsprechende Wirkungen einbildet. Meine Umwelt jedenfalls hat noch nicht anders auf mich reagiert als sonst, wenn man Schrauberklaus, ein zotteliges Wesen mit Motoröl in den Adern und einem Zweitakter in der linken Brust, als Umwelt im weitesten Sinne begreifen will. Riechen kann der Mann nicht mehr. Ich schließe zumindest aus, dass er seine eigene Duftaura wahrnehmen und in Kategorien wie angenehm oder toxisch einordnen kann. Ob er eine ASU-Plakette erhalten würde, möchte ich auch bezweifeln. Dafür ist er sparsam im Verbrauch, als Treibstoff reicht ihm Pumpernickel und Pernot. Immerhin bin ich froh, dass er da ist und Rudi ihn dazu motivieren konnte, mir bei der Sanierung des Bauwagens zu helfen. Schrauberklaus` Kenntnisse und Fertigkeiten im Fach Improvisation sind über die heimische Landesgrenze hinaus berühmt. Was der TÜV stirnrunzelnd ablehnt, zaubert ihm ein zufrieden verschlagenes Gesicht unter die verfilzte Matte. Dann reibt er sich die zarten rissig-schwarzen Hände und legt los.

»Fertig«, grunzt es unter dem Bauwagen hervor.

Wir testen die Stützenkonstruktion indem wir wild im Wagen umherhüpfen.

»Sitzt, passt, wackelt und hat Luft«, bemerke ich begeistert.

»Hoan isch der doch jesaat, dat dat klabbt!«, stellt er gewohnt verhalten in ruhigem Ton fest.

Schweigend fahren wir Richtung Kalteiche. Das Wetter ist herrlich, die rund 600 Meter hoch gelegene Region des südlichen Siegerlandes nebelfrei und für einen Moment fühle ich mich sorgenfrei. Frohgelaunt betrete ich die Tankstelle. Rudi ist per Telefon in irgendeinen Trouble verstrickt, aus dem ich nicht schlau werde. Für unseren Erfolg hat er jetzt keinen Sinn, daher halte ich die Klappe, schnappe mir die Arbeitsjoppe und beginne meine Schicht.

»Da hat einer für dich angerufen, der von neulich, Alonso oder so, der Zettel mit seiner Nummer liegt noch da, klang eilig. Ich muss jetzt.« Und schon ist er durch die Tür, begegnet Schrauberklaus, der ihm durch ein Nicken unseren Erfolg suggeriert. Rudi zeigt mir kurz seinen erhobenen Daumen. Na, immerhin eine Reaktion von dem mit Lobhudelei, Gesten und Gefühlen äußerst zurückhaltendem Tankstelleninhaber. Ein Sparfuchs wie Rudi haushaltet nicht nur mit Worten sondern auch mit Körpersprache, ganz so, als hätte er pro Monat nur ein gewisses Kontingent zur Verfügung. Das erklärt sicherlich seine stumm zur Schau getragene Sauertopfmine am Ende jedes Abrechnungszeitraums.

Das wäre ja ein Ding, wenn Alfons mich wieder einstellen könnte. In einer kurzen Pause zwischen Regale bestücken, kassieren und Müll entsorgen wähle ich Alfons' Nummer. Ob ich Zeit hätte, fragt er. Seiner Stimme nach zu urteilen ist er in einer aufgeräumten Verfassung. Klar, wenn ich etwas habe, dann Zeit. Er hätte da einen Job für mich. Nein, das träfe die Sache nicht ganz. Es wäre mehr ein halber Job. Im Grunde hätte er einem seiner Ex-Schützlinge einen Job beschafft, sich sozusagen für die Person aus dem Fenster gelehnt und stünde jetzt kurz vorm Rauskippen, da er nicht sicher sei, ob die Lady die Arbeit auch anträte. Alfons war früher Bewährungshelfer und betreut noch einige Gestrauchelte in seiner Freizeit – Helfersyndrom. Ob ich den Aufpasser und Lückenfüller machen könnte. Klar, Lücken füllen ist eine meiner herausragenden Qualitäten. Ich erfahre grob, wo ich wann zu was antreten soll und dass der Mann vor Ort Bescheid wüsste.

»Da wäre noch was ... könntest du mein Sorgenkind am Sonntag abholen? Es ist wichtig.« Alfons Stimme wird jetzt flehend, dringlich, irgendwie ungewohnt für mich. Ein gemischtes Gefühl macht sich in mir breit. Ich sollte in Ruhe darüber nachdenken und vor allen Dingen sollte ich wissen, wo der Hase beim Sorgenkind im Pfeffer liegt. »Also, kannst du?«, fragt er ein wenig ungeduldig, was grundsätzlich auch nicht seine Art ist. Plötzlich steht eine unscheinbare Frau vor dem Tresen. Wie die wohl dahin gekommen ist?

»Haben Sie noch die Duftteddys?«

»Ja«, sage ich und zeige auf ein Minidisplay mit den heruntergesetzten Stinkbären, worauf sich gerade zwei Wespen stürzen, die aus dem Nichts herangesummt sind.

»Oh, danke Heiner. Prima«, höre ich es erleichtert durchs Schnurlose, »jaaa, komm ja schon«, ruft Alfons ins Irgendwo, »tschüss denn. Ich meld mich dann noch mal.« Das galt mir.

»Ich nehme zwei.«

»Zwei Euro, bitte«, abwesend gebe ich den Preis mit der Linken in die Kasse ein und mit der freigewordenen Rechten verscheuche ich die Insekten.

»Ich hatte auch noch die Vier«, ergänzt die Frau, derweil sich die gelb Gestreiften einen munteren Reigen um meinen Kopf erlauben.

»Oh, sorry«, jetzt hätte ich doch glatt das Benzin vergessen. Mir ist ganz schusselig. Habe ich da eben Ja gesagt? Aber doch nicht zu ihm, nun ist es zu spät. Wer mich kennt, weiß, dass ich einmal Angefangenes zu Ende bringe. Ich kneife nicht, außer grad die Hinterbacken zusammen, da sich in meinen Eingeweiden so ein dummes Gefühl breit macht. Der Kaffee ist schuld. Zu viel davon schwarz und auf leeren Magen taugt nichts. Garstiges Stechgetier im Laden auch nicht. Ich greife zur Klatsche und watsche. Patsch, patsch, getroffen. Sie starben auf den Brüsten des Titelblatt-Mädchens. Kurz ist es ganz still, auch in mir.

12

Der gesamte Rest des Freitags ist wie gewohnt sehr arbeitsreich und ich habe kaum Gelegenheit mich in eigener Sache zu beunruhigen. In der Tankstelle ist viel los und krachen tut es auch des öfteren in Rudis Abschleppbezirk. Vollmondzeit.

Jetzt beziehe ich offiziell meine neue Bleibe im Liebenscheider Wald und obwohl der Wagen stillsteht, habe ich das Gefühl, er bewege sich im Kreis. Ich bin völlig überdreht. Morgen muss ich unbedingt weitere Informationen von Alfons erhalten. Worauf ich mich da wieder eingelassen habe! Aufpasser für ein Mädel auf Bewährung. Der Job an sich ist nicht das Problem, doch im Obachtgeben bin ich nicht sonderlich geübt. Immerhin, ohne die Gestrauchelte hätte ich die Vollzeithilfsarbeit nicht. Vielleicht ist es mit dem Beaufsichtigen ähnlich wie bei Torsten, Bille und deren Kollegen, rede ich mir Mut zu, denn das hat schließlich recht gut geklappt. Ich begebe mich zur Bettstatt und drehe die Karbidlampe aus. Bis auf einen Käuzchenruf ist die Nacht still und ähnlich wie Peter Lustig sage ich mir in dem Moment, in welchem mein Kopf das Kissen berührt: Abschalten!

Mit einem Schuss beginnt der Tag. Halali, auf zum fröhlichen Jagen. Der Büchsenknall hat mich aus dem traumlosen Schlaf gerissen. Mit Herzrasen beginne ich den Tag. Das Treiben der Hunde und Jäger stachelt mich auf. So muss sich ein Hirsch während der Hatz fühlen. Nie wieder Wildgulasch, fasse ich einen Entschluss. Mein Lager ist ein bisschen hart. Hätte der Schreck mich nicht geweckt, wäre ein Flaschenzug vonnöten gewesen, mich aufrecht sitzend auf die Bettkante zu kriegen. Mit noch immer zu schnellem Puls gehe ich durch, was heute anliegt. Ich muss unbedingt mehr über das Sorgenkind erfahren. Ich habe genügend Zeit, Alfons persönlich aufzusuchen, denn es ist noch früh am Morgen. Sollte das gestrauchelte Geschöpf eine Diebin sein, brauche ich mich persönlich um mein Hab und Gut nicht zu fürchten. Mit Drogies habe ich keine Erfahrung. Hier zittrig rumsitzend werden die Fragen des Tages keine Antworten finden. Heute zögere ich kurz das erste Mal beim Auftragen des Dufttests. Klebrig süß umwabert mich mein Achselaroma. Hoffentlich verfliegt das bald. Ich sollte endlich das Kleingedruckte lesen. Halali, auf zu Alfons. Ich fahre besser mit offenen Fenstern.

Ihm käme ich gerade recht. Alfons durchschreitet sein Büro in bunten Wollsocken, was er immer tut, wenn er nachdenkt. Das Telefon läutet, er lässt es klingeln und guckt aus dem Fenster, mein Blick ruht auf der Hemdfalte zwischen seinen Schulterblättern.

»Der Hausmeister geht bald in den Ruhestand«, spricht er zu den Wänden, dreht sich zu mir, um dann zu der Person überzugehen, die seiner und ab jetzt stellvertretend auch meiner erhöhten Aufmerksamkeit bedarf. Das Mädchen sei eine ganz Liebe, hätte die falsche Familie gehabt, falschen Freunden vertraut und sei dadurch erst richtig in den Schlamassel geraten. Er hätte diesen Werdegang auch mit ›das Übliche‹ abkürzen können. Ein paar Brüche, Betrügereien, Handel mit Diebesgut, so was eben. Jugendsünden, sozusagen, jetzt sei sie 21 und man könne von ihr langsam so was wie Vernunft erwarten.

»Drogen?«, frage ich. Nein, davon sei sie weit entfernt.

»Aktuelle Geschäfte?«, hake ich nach. Jetzt tut er entrüstet. Das wolle er nicht hoffen, ihr sei klar, dass ab jetzt das Erwachsenenstrafrecht greife, denn sie sei auf Bewährung und habe ihm versprochen, hier unterbreche ich ihn und wende ein, dass Betrügerinnen sich auf Versprechungen verstehen. Sie nicht, entgegnet er jetzt eine Spur zu emotional. Er bemerkt es und hält inne. Wieder im Element des stetig selbstreflektierenden Sozialarbeiters setzt er nüchtern fort, wobei seine Hände einen Stapel Papier auf dem Schreibtisch umsortieren: »Du musst das nicht tun«, Alfons klingt trotz seiner Bemühungen beleidigt und ich versichere ihm, dass ich eh gerade nichts besseres zu tun hätte.

»Blau«, sagt er, meine nächste Frage antizipierend, »Luca ist blau.« Ich gucke irritiert.

»Als ich sie das letzte Mal sah, waren sogar ihre Augenbrauen blau. Sie liebt diese Farbe. Du wirst sie schon erkennen«, versichert er mir. Am Bahnhof Dillenburg soll ich sie am Sonntag gegen Mittag abholen, um dann direkt mit ihr zum Einsatz zu fahren. Wir könnten sogar vor Ort übernachten, wenn wir nicht zu anspruchsvoll wären. Ich und anspruchsvoll ...

Das Kramen in dem alten Papier hat er eingestellt.

»Also, wie gesagt, du musst nicht, tätest mir aber einen irren Gefallen.« Jetzt klingelt sein Handy, er lässt es läuten.

»Kennst du einen geeigneten Hausmeister?« Ein Lächeln zeigt sich in seinem Gesicht, das er nun wieder dem Fenster im Hof zuwendet. Wir beäugen uns durch die Spiegelung.

Ja, kenne ich, nicke ich zur Hemdfalte. Die Andeutung gefällt mir, doch der Zusammenhang will mir gar nicht gefallen. Egal, wische ich die Bedenken beiseite und versuche mich im positiven Denken. Ob ich mich als Aufpasser eigne? Wird schon, kann ja nicht schlimmer für mich sein als mein Versuch, während einer Heimwerker-Leistungsschau in der Siegerlandhalle als Vorführer für Schleifscheiben den potenziellen Kunden per Demonstration die Vorzüge diverser Körnungen anzupreisen. Die auftraggebende Promotion-Agentur gibt's nicht mehr.

»Ach, und noch was«, Alfons macht eine Pause, dreht sich zu mir um, »das ist sehr wichtig für uns: keine Polizei, sollte dir irgendwas seltsam vorkommen, ruf mich an. Ich regle das dann«, er atmet hörbar ein und sagt mit einem Lächeln, das ich an ihm noch nie gesehen habe: »Ich bin sicher, dass der Vorstand die Hausmeisterstelle nicht auszuschreiben braucht.«

Als ich sein Büro verlasse, höre ich, wie er das Fenster aufreißt und heftig nach Luft schnappt. Diskret beschnüffle ich mich unter den Armen. Ich riech nix. Trotzdem ist mir irgendwie komisch.

13

Meine zweite Nacht im Bauwagen ist schon fast heimelig gewesen. Es hat gezirpt und friedlich geschmatzt im Forst. Die Wildschweine haben kein Interesse an dem stachelig umzäunten Flurstück gezeigt, auf dem der Wagen eingebettet parkt, ganz so, als wäre er hier gewachsen. Frohgelaunt und ausgeruht fahre ich in die Oranienstadt Dillenburg. Das Schloss zeigt sich märchenhaft, die Sonne schickt wärmende Strahlen. Sonntägliche Frühlingsluft in der Nase, stehe ich guter Dinge am Bahnsteig. Nicht allzu viel los hier. Außer mir lungern nur ein paar trinkende Jugendliche hier herum. Der Zug, in dem man oben und unten sitzen kann, fährt ein, die Türen öffnen sich und Leute steigen aus. Ich helfe einer alten Dame, die ihren Koffer nicht auf die Räder bekommt, lasse dabei jedoch den Bahnsteig nicht aus den Augen. Niemand in Blau ist ausgestiegen. Ich gehe an den Abteilen entlang. Die Türen schießen sich bereits wieder. Wer hier aussteigen will, muss schnell sein. Ich sehe einen blauen Schal durch den Mittelgang eines Abteils wehen. Ein junges Mädchen rennt durch die Sitzreihen, ich renne auf gleicher Höhe bis zur nächsten Tür. Wir drücken beide auf den Open-Knopf, doch der Zug setzt sich wieder in Bewegung. Sie zieht ihre Schultern und ihre blauen Brauen hilflos hoch. Das fängt ja gut an. Ich ruf noch: »Herborn«. Hoffentlich kann die Kleine von den Lippen lesen, denn ein vorbeirauschender ICE trägt meine Stimmwellen davon. Die Anzeigentafel über mir zeigt ihr Zugziel: Gießen. Dafür reicht mein Sprit nicht. Es muss gelingen, das Mädchen in Herborn aus dem Zug zu bekommen. Auf die Plätze, fertig. Ich renne zum Wagen, brause los und ich bin nicht der einzige. Hinter mir werden zwei Typen hektisch und beeilen sich ebenso, ihren gepflegten alten Ford Mustang auf die richtige Spur im Baustellengewirr vorm Dillenburger Bahnhof zu bekommen. Ich habe glücklicherweise rechts vom Bahnhofsgebäude geparkt und schaffe es schneller in der knappen Grünphase über die Kreuzung in Richtung Herborn. Die Hengste im Mustang haben links vom Bau gestanden und müssen nun eine Ehrenrunde durch eine Einbahnstraße drehen. Hast du das Kennzeichen, fragt mich eine kleine, vertraute jugendliche Stimme: Kalle Meisterdetektiv Blomquist meldet sich aus der Koje, in die ich ihn vor etlicher Zeit geschickt hatte, nachdem mein abenteuerlicher Ausflug nach Rotterdam beendet war. Zu spät. Für das Kennzeichen hatte ich keinen Blick bei dem chromblitzenden Kleinod und der anschließenden Eile. Mit dem Ford hat sich jemand richtige Mühe gegeben, der sah klasse aus. Ein Coupé, schätzungsweise Baujahr 1970, altweiße Lackierung, schwarzes Dach, Breitreifen auf Alufelgen. Ach Kalle, nicht hinter jedem Menschen, der es eilig hat, verbirgt sich eine verbrecherische Mission. Guck mich an. Ich übertrete die Höchstgeschwindigkeit auf der B 277, dass das Faltdach nur so rappelt. Vor mir blockiert ein Graukranz im lindgrünen Astra die Bahn und ich muss scharf bremsen. Nach einer Ewigkeit hat der notorische Linksfahrer, 70 Jahre unfallfrei, gemerkt, dass rechts von ihm auch noch eine Fahrspur frei ist und mit der Gemächlichkeit des Alters schleicht er sich rüber. Ich überhole zwei Reisebusse, Seniorenfahrt ›Alteisen‹ steht da allen Ernstes, und im Rückspiegel beobachte ich, dass der Ascona hinter mir dicht macht und den heranrasenden Ford ausbremst. Der hat bestimmt satte 220 PS. Noch drei Kilometer trennen mich vom Etappenziel. Die Ampeln schalten alle auf Grün, wenn mein kleines graues Geschoss auf sie zurast.

14

Herborn, hier war ich schon lange nicht mehr. Der überall um sich greifende Kreisverkehr hat auch dieses Städtchen mit seiner historischen Altstadt nicht verschont. Ich kenne mich nicht mehr aus. Der Bahnhof liegt im Zentrum, soviel weiß ich noch. Ah, prima, das Schild der dritten Ausfahrt weist in die richtige Richtung. Was nun? In der Eile entgeht einem bisweilen ein wichtiger Hinweis. Die Logik befiehlt mir links in die Bahnhofstraße einzubiegen. Nach insgesamt sechs Minuten Hetze bin ich am Ziel und parke vor der Bahnhofsgaststätte. Der Zug wird vermutlich schneller gewesen sein. Kaum stehe ich am menschenleeren Gleis, fährt der Zug wieder an. Hoffentlich ist sie ausgestiegen. Als der Zug den Blick auf alle Gleise frei gibt, sehe ich sie. Die Lady in Blue steht einsam da und ringt mit dem Tragegurt ihres Seesacks. Außer dem riesigen Sack hat sie nichts dabei. Sie ist sehr klein und tatsächlich völlig blau. Blaue Lippen, Nägel, Brauen, Hosen, Bluse, Flipflops und eine blaue Feder schlängelt sich durch zahlreiche Löcher im äußeren Rand ihres linken Ohrs. Die Haare sind nicht blau. Sie sind nämlich gar nicht vorhanden. Sie rückt sich stattdessen eine blaue Häkelkappe auf dem Schädel zurecht, nachdem sie umständlich den Gurt über ihren Kopf gezogen hat und der Seesack diagonal über ihrem Rücken bis in ihre Kniekehlen hängt. Ich winke und sie setzt sich in Gang.

»Hi«, sagt sie, »du musst Heiner sein.« Sie lässt den Gurt des Seesacks über ihre schmale Schulter gleiten, er plumpst hart auf den Boden. Gemütlich will sie sich eine Drum drehen. Ich dränge jedoch zur Eile, da ich männeruntypisch geradezu nachlässig, sperrig geparkt habe.

»Nu mach mal keine Panik«, sie schaut von ihren Blättchen auf und scheint hinter mir etwas wahrgenommen zu haben, was sie davon überzeugt, dass Panik doch die angemessene Reaktion ist. Sie rafft alles zusammen und mich gleich mit.

»Wo stehst du?«, bei jeder Silbe zieht sie mich am Ärmel.

»Gleich hier vorn.«

»Ich fahr!«

»Nein!«, protestiere ich, während wir zum Wagen rennen.

»Welcher?«

»Der Graue.«

»Passt zu dir.« Auch noch frech werden.

»Kannst ja zu Fuß gehen.«

»Hey, schon gut ...«, entgegnet sie außer Atem. Weniger rauchen, würde ich vorschlagen, wenn wir zu einen Wortgefecht Zeit hätten.

»Wir müssen so schnell es geht hier weg!«

Sie wirft ihren Seesack auf die Rückbank, springt auf den Beifahrersitz während ich eilig ausparke.

»Gib alles!«

Ich wüsste zu gerne warum. Die zwei Mustangreiter drängen uns dicht auf die Stoßstange und aus ihren Gesichtern ist keine Gesprächsbereitschaft zu lesen.

»Bullen?«, wage ich eine nicht ganz ernst gemeinte Frage.

»Nein. Ich weiß nicht, wer das ist. Echt nicht.« Klingt nicht überzeugend.

»Ich lass dich gleich an der nächsten möglichen Stelle raus. Ich habe hier gar nichts mit zu schaffen«, schrei ich lauter, als nötig und frage mich im Stillen, ob ich Alfons Telefonnummern bei mir habe.

»Ich doch auch nicht. Ich weiß wirklich nicht, was die von mir wollen, die sind schon ne ganze Weile hinter mir her«, jetzt weint sie. Ich habe blaue Tränen erwartet.

15

Mein vierzehnjähriges Wägelchen wird ganz schön rangenommen. Wir wursteln uns durch den Verkehr und ich beschließe, nicht die Autobahn zu benutzen, sondern die Strecke Richtung Westerwald, B 255. Gegen einen getunten Mustang hat mein Franzose keine Chance auf der Bahn. In einem der kleinen Örtchen haust Schrauberklaus in seiner Scheune. Die werde ich finden und dort werden wir uns erst mal verkriechen. Erdloch, nein Erdbach, jetzt fällt es mir wieder ein. Da war ich schon mal im Jungscharzeltlager. In der Zeltwertung immer Letzter. Jetzt müssen wir Erste werden. Wenn das mal gut geht. Ich habe gegenüber den Kerlen mit meinen Initialen auf dem Kennzeichen einen Vorteil: Ortskenntnis. Es herrscht reger Betrieb. Verkaufsoffen. Erst mal zurück zum Kreisverkehr. Da ich eine grobe Vorstellung davon habe, wo ich hin will, gelingt es mir besser, mich durchzuschlängeln. Der Ford Mustang ist da nicht so agil. Durch die neue Verkehrsführung weiß ich nicht so recht, wie ich am schnellsten zur Bundesstraße komme. Im Kreisel entscheide ich mich für die Ausfahrt Vogelpark, denn ich meine mich zu erinnern, dass der in der gleichen Richtung liegt. Wir fahren nicht lang geradeaus, da droht ein weiterer Kreisverkehr meine

Orientierung durcheinander zu bringen. Doch zuvor muss ein Zebrastreifen genommen werden. Aus dem Augenwinkel erkenne ich, wie sich eine Busladung gräulicher und roséfarbener Popelinejacken formiert. Die Senioren vom Alteisen machen sich daran, den Zebrastreifen zu überqueren. Wir weichen einem in Zielrichtung stochernden Krückstock aus und lassen den Mann daran, wie auch sein überwiegend weibliches Gefolge, rechts liegen. Geschafft. Weiter auf der Fahrt zum Vogelpark. Der Mustang hinter uns scheut und kommt quietschend zum Stehen. Die Masse bestimmt den Verkehrsfluss. Die Pensionäre haben uns einen Vorsprung verschafft, den wir ausbauen können.

Das Mädchen ist ganz still geworden neben mir. Ich halte lieber auch die Klappe. Falls du einen Anwalt brauchst ... meldet sich nun auch noch der Advokat aus meinen Gedanken. Auch ihn hatte ich schon beinahe vergessen, seit der Sache mit Van Gogh im Nachbarland. Die blaue Luca schaut nach hinten. Durch die Plastikscheibe kann man jedoch nicht viel erkennen, die ist schon halb blind.

»Sind sie noch da?«

»Im Moment nicht«, entgegne ich und fahre langsamer. Wir lassen die Stadt hinter uns und stürmen Burg, ein kleines Örtchen mit einem weiteren Kreisel. Der Weg zur Bundesstraße ist das nicht, doch die Richtung scheint zu stimmen. Falls die Typen jetzt auf der gleichen Route sind wie wir und weiterhin so rasen, müsste unser Vorsprung bald dahin sein. Die Ausfahrt zum Friedhof zieht an uns vorbei und wir preschen Richtung Uckersdorf. Die Besiedelung wird um ein weiteres spärlicher, links und rechts zeigt sich eine ansprechende Landschaft. Wald und Wiesen, für die wir im Moment keinen offenen Geist haben. Mein Peugeot liegt flach wie ein Brett auf dem Asphalt und schiebt uns sacht durch Links- und Rechtskurven. 80 ist vorgeschrieben, doch who cares. Hier muss es jetzt irgendwo abgehen. Fast wäre ich vorbeigerauscht. Ich gehe in die Eisen, reiße zeitgleich das Lenkrad links herum und folge dem Hinweis Erdbach, drei Kilometer.

Dummerweise ist auf meine Tankanzeige kein Verlass. Die Nadel dümpelt schon seit geraumer Zeit ganz links auf der Anzeige, schon hinter dem roten Bereich. Wenn man es nicht besser wüsste, müsste man sagen, wir fahren ohne Benzin. Ein schwarzer Punkt im Rückspiegel wird schnell größer. Ich beschließe, dem Verbrauch zum Trotz, auf die Tube zu drücken. Der Punkt bleibt gleich groß. Mit der Drehzahl steigt auch mein Blutdruck. Mit Schmackes brausen wir durch die Kurven und nach einer langgestreckten Biegung verlässt ein Wow meinen Mund. Luca kann meine Begeisterung nicht einordnen und guckt mich schäl von der Seite an. Immerhin ist jetzt der schwarze Punkt im Außenspiegel verschwunden.

»Das ist echt dein Auto?«, fragt sie. Ohne eine Antwort abzuwarten fügt sie an: »Sorry, aber hier riecht es extrem nuttig.« Sie betätigt den Fensteröffner und versucht ein schiefes Grinsen vor mir zu verbergen. »Alfons sagte mir schon, dass er dich aus der Einrichtung kennt.«

»Mach dir um mich mal keine Gedanken«, grunze ich.

»Tschuldigung«, lacht sie mir offen ins Gesicht und ist wohlauf.

Die Verfolger hätten wir abgehängt und kurz vor Erdbach rollt der Wagen aus. Mit dem letzten Schwung steure ich ihn in eine kleine geteerte Bucht gegenüber dem Ortsschild. Der Tank ist so leer wie mein Kopf. Das Hemd klebt mir nass am Rücken. Willkommen in Erdbach.

»Hast du ein Handy?«, will sie wissen.

»Nein.«

»Gut.« Was soll daran gut sein in so einer Situation?

»Elektrosmog«, erläutert sie ungefragt. »Die Dinger sollen Krebs verursachen«, ergänzt sie und dreht sich eine.

»An Handykrebs wirst du sicher nicht sterben«, entgegne ich, während wir aussteigen. Ich erkläre ihr das weitere Vorgehen und bitte sie beim Wagen zu bleiben, was sie ablehnt. Sie wühlt auf dem Rücksitz in ihrem Seesack, kramt ihn hervor und will mit mir Sprit schnorren.

»Schnorren kann ich. Wenn es dazu eine Ausbildung gäbe, hätte ich sie als Jahrgangsbeste abgeschlossen. Weißt du, was die Kunst beim Schnorren ist?« Nein, und ich weiß auch nicht, ob ich es wissen will, denk ich.

»Du musst den Leuten ein gutes Gefühl verkaufen. Nicht so plumpe Dinger von wegen: Sie haben doch nichts gegen Exhäftlinge ... nee, so geht das nicht ...«

Ich glaube ihr jedes Wort und sie plappert in einem fort. Würde sie den Schnabel halten, könnte ich mich sicher besser konzentrieren und mich zielstrebig mit großen Schritten Schrauberklaus' Domizil nähern. Wir haben Glück. Im Ort sind überall kleine Wegweiser angebracht. Ich meine mich zu erinnern, dass wir uns in Richtung des Museums bewegen müssten. Während wir den menschenleeren Ort durchwandern, führt Luca mir ihre Theorie zum Komplex Evolution und Geschwindigkeit durch Technik aus. An sich ist das kein uninteressantes Gebiet, doch mir ist derzeit nicht zum Diskutieren zumute, besonders nicht in Anbetracht der Tatsache, dass wir uns mit einer durchschnittlichen Geschwindigkeit von fünf Stundenkilometern bewegen, weil die Technik keinen Saft mehr hat. Beim Thema Evolution fällt mir ein, dass Klaus erwähnte, er sei eine Art Höhlenbewohner und in seiner Nähe hätten Forscher in der schotterhaltigen Lehmfüllung eines Stollens Knochenreste von Tieren aus der Eiszeit gefunden. Gewundert hat mich damals neben dem Fund die fast vortragsartige Worteinanderreihung eines ansonsten stillen Kauzes. Wir wenden uns Richtung Schlucht. Derweil plätschert Lucas Redestrom an mir vorüber. Doch jetzt im beginnenden dunklen, kühlen Forst wird ihre Stimme gedämpfter. Endlich, ich bin erlöst und am Ziel. Schrauberklaus' Ziegelbau tut sich vor uns auf und aus dem Inneren höre ich seinen Kassettenrekorder dudeln: ›Born to be wild‹ in einer philharmonischen Bearbeitung.

Klar hat er Sprit für mich. Schrauberklaus scheint sich keinen Moment darüber zu wundern, was ich mit einem Paradiesvogel am Sonntagnachmittag bei ihm will. Ganz so als käme ich immer um diese Zeit mit einem leeren Kanister vorbei. Während er abfüllt, schlendert Luca durch die Reihen alter Zweiräder, die einen Eindruck längst vergangener Zeiten beim Betrachter hinterlassen. Nostalgie will sich einstellen, während der Blick über die alten Fabrikate schweift und einen vergessen macht, warum man hier ist. Zyndapp KS 50, Herkules Ultra, Kreidler Florett, Adler, sogar eine alte Harley und eine NSU mit Einschusslöchern. Vor einer blauen Schwalbe bleibt sie stehen.

»Sind die alle fahrtüchtig?«, frage ich ihn.

»Jeep«, sagt er bescheiden, während ich staune und er den Kanister zudreht. Als ich im Geld geben will, winkt er ab. Unsere Köpfe schießen gleichzeitig in die Höhe, als wir aus der Scheune das unverwechselbare Geräusch eines startenden Zweitakters wahrnehmen. Keinen Sekundenbruchteil später knattert Luca aus der hinteren Tür davon, eine blaue Wolke hinter sich herziehend. Ich war gerade im Begriff, mein bisschen Geld wieder einzustecken, da greift Schrauberklaus danach und meint:

»Dat schickt net.«

16

Willkommen im 16. Jahrhundert! Diese freundliche Begrüßung prangt auf einem Transparent über dem ersten Einlass in den Burghof. Mein Gefährt hat sich tapfer durch die Anstiege des Örtchens an der Sieg gequält. Nachdem ich von Erdbach allein bis zur Kalteiche gefahren bin, aufgetankt und Alfons über die letzten Ereignisse ins Bild gesetzt habe. Der hat vielleicht getobt, doch gleichzeitig versichert, mich träfe keine Schuld. Beim Wörtchen ›Schuld‹ habe ich ihm Schrauberklaus' Bankverbindung durchgegeben. Ob ich die Polizei rufen solle? Auf gar keinen Fall, hat er gesagt. Mein innerer Advokat war da entschieden anderer Meinung. Jedenfalls wäre es jetzt noch wichtiger, dass ich meinen Dienst anträte, sonst sei er, Alfons, beim Herbergsvater unten durch, der seinerseits wiederum in direkter Linie mit einem aus der Verwaltung des Werkstattträgers verwandt sei. Im Grunde hasse ich solche Kungelgesellschaften, habe aber im Laufe meines Lebens gelernt, dass man derartige Verflechtungen berücksichtigen muss. Am Ende des Telefonats ließ Alfons nicht unerwähnt, wer die zuständige Polizeidienststelle in Betzdorf leitet und was er von den Fähigkeiten des Mannes hielt. Der leitende Beamte war mein Erzfeind aus der Realschule, den meine Schwester in der Bio-AG hat abblitzen lassen.

Von Beruf Sohn eines Staatsanwalts. Doch beim Filius hat es leider nicht fürs Gymnasium gereicht. ›Kleiner Heiner‹, hat er mich immer gerufen. Der baumlange Kerl war eine Klasse über mir und ich jede zweite Pause unter ihm, bis ich ihn einmal im Schwitzkasten zu packen kriegte. Dass der Typ Asthmatiker war, konnte ich nicht wissen. Er landete auf der Sanitätsliege und ich beim Rektor. Meine Schulzeit war das reinste Martyrium.

Im Moment bin ich obenauf, zumindest geografisch betrachtet, sicher und ordentlich geparkt vor der Jugendherberge. Der Ort, nach der Burg benannt: Froudesbrahderofanc, so die historische Bezeichnung der Freusburg, wie mich ein Schild informiert, erinnert bei schönem Wetter an die Weingegend entlang der Mosel, nur statt Rebstöcke an den Hängen gibt's Fichten im Hauberg.

Für mich ist soviel klar: Ob nun mit oder ohne Luca, mein finanzielles Überleben scheint für einen gewissen Zeitraum gesichert. Irgendwie bin ich ganz froh, dass ich jetzt nicht auf das Mädel achten muss, obwohl ich den Job Alfons Helfersyndrom zu verdanken habe. Kurz flammt so was wie ein schlechtes Gewissen auf, weil mir die Göre entwischt ist. Trotzdem fühle ich mich nicht unglücklich. Ich arbeite lieber alleine. Alfons will Luca auftreiben. Er wisse schon, wo er sie finden kann, hat er gesagt.

17

Jörn Jäger, der Herbergsvater, hat es begrüßt, dass sein Aushilfslakai, wie er mich scherzhaft nennt, mit einer Burgpritsche vorlieb nimmt. Ich habe mich bereit erklärt, nicht zuletzt auch um Zeit und Kosten zu sparen, mir ein Räumchen mit einem anderen Bewohner zu teilen. Spart Geld. Nerven musste ich bereits lassen in den vergangenen Stunden. Die Autojagd hat ihre Spuren in meinen Klamotten hinterlassen. Durchgeschwitzt. Bevor ich die Lage peile, rupfe ich mir noch die durchtränkten Pads aus den Achselhöhlen, die diesmal relativ neutral riechen und stopfe sie in Röhrchen, die sogleich beschlagen. Die im Labor werden genug Präparat zu analysieren haben.

Bis zu meinem Treffen mit dem Burgherrn habe ich noch Zeit. Es ist schon eine kleine Ewigkeit her, dass ich das letzte Mal hier war. Der Ort hat was Romantisches, Vergessenes. Ich schließe den Wagen ab und stehe ansonsten unschlüssig davor, überlege, welche Richtung ich einschlagen soll.

»Gott zum Gruße«, kommt es von hinten.

»Nach der spartanischen Kutsche zu urteilen, musst du der neue Burghelfer sein«, der freundliche Sprecher kommt mit ausgestreckter Hand auf mich zu und stellt sich vor. Der fröhliche, drahtige Mann, er überragt mich um Haupteslänge und sein Zopf ist fast so lang wie meiner, heißt Michael, aber nur noch die kommende Woche, ab Samstag sei er Micele, verkaufe Mineralien, Schmucksteine und altes Kunsthandwerk auf dem mittelalterlichen Fest. Ob ich als Gandalf auftreten wolle, fragt er mit Blick auf meine leicht ergraute lange Haarpracht.

»Na, vielen Dank«, erwidere ich gespielt beleidigt, »ist der große Zauberer von Mittelerde nicht weit über 2000 Jahre alt?« Der goldblonde Michael, der vielleicht soeben 30 Lenze zählt, zuckt entschuldigend mit den Schultern und grinst. Nein, ich wolle hier ausschließlich arbeiten im Schweiße meines Angesichts, erkläre ich ihm. Von der Zusammenkunft der Erben Tolkiens und deren weitläufiger Verwandtschaft aus dieser Ära habe ich nichts gewusst. Die Ankündigungen in der lokalen Presse sind mir doch glatt durch mein Wahrnehmungsraster geschlüpft.

»Wir werden uns die Kemenate teilen. Na ja, ich übertreibe, es ist lediglich das Räumchen des Hungerturms«, eröffnet er mir. Es sei sehr gemütlich und er habe schon weit schlechter geruht. Ich erwähne meine derzeitige Unterkunft und deute an, dass ich nicht wie die Prinzessin auf der Erbse nächtigen müsse. Michael lacht halb abwesend und sein Blick richtet sich in die Ferne, wobei er nach innen schaut, denn seine Rede widerspiegelt Vergangenes. Wie ein Nomade sei er seit Jahren unterwegs, von den Wikingern bis zu den Römern und wieder zurück zu den Germanen. Zurzeit überlege er, hier vor Ort für billiges Geld ein Fachwerkhaus zu kaufen. Er zeigt mit dem Finger die Straße hinab. Wie der Graf von Monte Christo sei der vorherige Bewohner des Hauses damit beschäftigt gewesen, das Kellerloch in der Erde zu vergrößern. Für seine, Michaels, Zwecke sei das alles gut geeignet. Welche Zwecke das nun sind, darüber sagt er nichts. Das Haus stünde leer, denn der Bewohner sei jetzt tot.

»Im Keller verschüttet?«, frage ich.

»Bei einer Bergtour im Schwarzwald abgestürzt. – So kann es gehen ...«, sinniert Michael vor sich hin. Wir nicken beide, als wären wir einverstanden mit der Tatsache der Unabwägbarkeit des Lebens. Zwei Schweigemomente später verabschieden wir uns, nachdem Michael mir den Weg ins Büro der Jugendherbergsleitung beschrieben hat. Es ist immer noch genügend Zeit bis zu meiner Verabredung mit dem Burgherrn.

Ich begebe mich entgegen dem Uhrzeigersinn auf die alten Pfade um die dicken Mauern herum. Ein sachter, den Sommer verkündender Wind umweht die Flagge an der Turmspitze. Es scheint ein wundervoller Abend zu werden, mit sternenklarem Himmel und eingebauter Lagerfeuerromantik.

Im umgebenden Wald sammeln Jungs Brennholz, bewerfen sich mit Tannenzapfen und zwei Dreikäsehochs rauchen heimlich hinter einer alten Buche. Ich wandle weiter auf den Spuren, die vor mir ein Transporter in den feuchten Waldweg gedrückt haben muss. Kaum ist der Gedanke zu Ende gedacht, endet auch schon der Weg und ich stehe tatsächlich vor den offenen Heckklappen eines VW-Busses, auf dessen Ladefläche allerlei Werkzeug und Gerümpel liegt. Auf den Vordersitzen kann ich zwei männliche Gestalten wahrnehmen, die sich gedämpft unterhalten.

»Und, hast du das Zeug?«

»Nee, sie war es nicht.«

»Wie, sie war es nicht. Wer denn dann?«

»Nur ein Typ. Keine Ahnung ob der was weiß. Ich schätze eher mal nicht.«

»Wie, du schätzt ...«

»Es deutete nichts ...«

»Klappe jetzt, da kommt jemand.«

Eine kleine Gruppe Kinder jagt um die Ecke, aus der Ferne höre ich noch den Rest eines Reims ... alles muss versteckt sein.

Mir ist, als sollte ich es den Kindern gleich tun und mich verdrücken. Eine der beiden Stimmen aus den Büschen klang Michaels ähnlich. Auf leisen Sohlen mache ich mich dünne, im wahrsten Sinne des Wortes, da ich nicht in den Rückspiegel der Männer geraten will. Ich drück mich an einer Mauer längs durchs Gebüsch und stoße am Ende des bröckligen Schutzwalls auf eine kleine Lichtung und ein knutschendes Pärchen. Sie schreit spitz auf, er schimpft mich einen Spanner, ich mime den Verwirrten, darauf verstehe ich mich aufgrund intensiven Trainings als 16-Jähriger, dann sage ich noch ›Weitermachen‹, bevor ich mich ruckzuck durch das nächste Gestrüpp schlage und auf dem Weg zum Parkplatz lande. Erleichterung macht sich in meiner Brust breit. Hier ist doch was faul, murmelt ein aus dem Schlaf erwachendes Stimmchen, das ich freundlich aber doch verhalten begrüße. Hi, Kalle, schlaf weiter. Gib bloß Acht, warnt der kleine Detektiv in mir, ich spür es im Urin, mit den Kerlen stimmt was nicht. Jugendlicher Übereifer, dimme ich ihn herab. Na dann, murmelt er müde, wenn du mich brauchst, ich könnte hier als Knappe auftreten, inkognito. Ist gut, Kalle.

Nun ist es Zeit Jägers Büro aufzusuchen. Durch den inneren Burghof gelangt man zum Haupteingang. Die schwere Holztür fällt hinter mir ins Schloss. Von drinnen klingt Kindergeschrei an meine Ohren. Ich begebe mich durch den Empfangssaal. Eine Ritterrüstung begrüßt die Neuankömmlinge. Gleich in deren Nähe sagt einem ein Spruch die Wacht an: Tausendjähriges Gemäuer, wer ihm schadet dem wird's teuer. Eine niedrige Tür verweist auf ein Gewölbe, der Gang geradeaus führt zum Büro. Ein Schild schickt mich in die richtige Richtung und nach einigen Schritten stehe ich vor einer moderneren Glastür mit der Aufschrift daneben: Burgherr. Eine handgeschnitzte Tafel mit Sütterlinlettern. Am zugestellten Schreibtisch hinter der Tür ist niemand, doch von dem Räumchen aus gehen weitere Türen ab. Das ist bestimmt ein ganz schön verwinkelter Bau. Ich gehe rein und klopfe an die nächste Tür, hinter der ich jemanden sprechen höre. Aus dem Türspalt dringen bruchstückhaft Wörter, hauptsächlich Fragewörter und knappe Antworten, die letzte scheint Nein zu lauten, gefolgt von: Regel das! Wenn das andere mal nicht die zweite Stimme aus dem Bus war, will ich Elfriede heißen, murmelt Kalle. Ich klopfe. Etwas unwirsch ruft jemand:

»Herein, wenn's kein Henker ist.«

»Nee, ein Heiner. Heiner Himmel«, stelle ich mich vor, »wenn Sie Jörn Jäger sind, haben wir miteinander telefoniert.«

Die Mine des Manns hinter einem weiteren vor Arbeit sich biegendem schrabbeligen Schreibtisch hellt sich auf. Er scheint erleichtert, dass er sein Gegenüber wegschicken kann. Er verzichtet darauf uns einander vorzustellen. »Wir hätten es dann«, sagt er an ihn gerichtet. Der andere Mann vom Schlage eines Kirmeshelfers, schlecht ernährt und noch schlechter rasiert, dunkle volle Haare, seine Oberlippe ziert ein mächtiger, fransiger Schnauzer, nickt und murrt: »Klar.« Ob das tatsächlich der andere im VW Bus war, frage ich mich, wobei Kalles linke Augenbraue steil in die Höhe geht.

»Heiner Himmel, haha«, lacht der Burgherr, »da waren Ihre Eltern ähnlich kreativ wie meine.«

Jäger grinst noch immer, während er mir seine schmale Hand über den wackligen Tisch reicht. Von handswegen könnte er Pianist sein. Der ganze Kerl ist eher zart, was ich nicht erwartet habe, seiner tiefen, voluminösen Stimme nach zu urteilen. Sollte er um die Ecke grollen, flößt das den Jugendlichen sicherlich Respekt ein, doch nur solange sie ihn nicht sehen. Ich schätze, Jäger ist in meinem Alter. Sein feines Haar ist frisch geföhnt. Irgendwas an ihm erinnert mich an Günter Netzer. Im klassischen Zweireiher gäbe Jörn Jäger ein fernsehtaugliches Bild ab. Smart. Derzeit trägt er ein derart leuchtend gelbes T-Shirt, dass es blendet und wenn man die Augen schließt, tanzen grüne Punkte hinter den Lidern.

Wir klären das Nötigste, wie Papiere, Lohn, Arbeitszeit und Arbeitsdauer. Alles Weitere, so Jörn, ergäbe sich. Er wie auch Udo, den ich eben schon gesehen hätte, aha, der Kirmesmensch hat einen gängigen Namen, würden großen Wert auf selbstständiges

Arbeiten legen, denn wenn man alles lang und breit erklären müsse, könne man es ja gleich selbst erledigen. Er mustert mich, überfliegt meinen Lebenslauf, nickt zufrieden und meint:

»Gar nicht mal so ungünstig, dass Alfons dich kurzfristig aus dem Hut gezaubert hat.«

So ganz verstehe ich die Bemerkung nicht, denn mir sagte Alfons, der Verantwortliche vor Ort wisse Bescheid, dass er zwei Aushilfen bekommt. Die Frage ist, wie viel Bescheid weiß Jörn?

»Die andere Hilfe wird sich verspäten, aber offiziell geht es ja auch erst morgen los«, werfe ich ein.

»Die Andere?«, fragt Jörn Jäger zurück. Ich blicke ebenso fragend wie er, weil ich das Gefühl habe, mich auf rutschigem Boden zu befinden.

»Ach, ja, jetzt fällt es mir wieder ein«, erwidert er phlegmatisch und guckt dabei immer noch irritiert.

Wo die blaue Luca wohl abgeblieben ist? Ich sollte mir Sorgen machen, habe aber das Gefühl, dass die Göre Ärger gewohnt ist und irgendwie durchkommt. Außerdem schien Alfons zu wissen, wo sie ist und was er tut. Ob ich mich darauf verlassen kann? Wäre doch möglich, dass Alfons mich erst zu dem Zeitpunkt empfohlen hat, als er merkte, dass seitens Luca Ärger droht. Vielleicht hat er damit gerechnet, dass sie die Arbeit nicht antreten wird. Hier stimmt was nicht.

»Wie es aussieht, kann ich euch auf jeden Fall beide gebrauchen, wenn hier das Mittelalter einzieht. Wir haben schon 220 Anmeldungen«, vermeldet Jörn sich seiner Sache wieder sicher und nicht ohne Stolz.

»Wenn die alle kommen, bin ich froh um jede helfende Hand. Also, sauber bleiben und nicht zu blöd anstellen, dann klappt das schon«, dabei klopft er mir kumpelhaft auf die Schulter, während wir zur Tür hinausgehen. Ich bekäme jetzt eine Burgführung für Schnellmerker und morgen um fünf Uhr sei Arbeitsbeginn.

»Doch zuvor muss ich noch kurz telefonieren. Geh schon mal den Gang hier zurück, die Treppe rauf, immer dem Lärm folgen, wir treffen uns dann im Rittersaal.«

18

Na, hoffentlich gibt es hier nicht noch frisch gepressten Orangensaft gratis fürs Personal. In solchen Betrieben muss man sich in Acht nehmen. Da ist höchste Vorsicht geboten, wenn man sich gleich duzt und das Vitamin C vom Chef frei Flüssigkeitshaushalt gestellt wird. Ich habe schon mal in einer solchen Firma gejobbt. Da wurde viel gemobbt, aber zusammen kostenlosen Saft trinken und sich dabei orangenfleischgleich, unverdorben und vollmundig zulächeln. Werd nicht zynisch, maßregelt mich Marie wie damals, als ich ihr vor dem Workshop: Im Zwiegespräch mit dem Element Wasser, anriet, das Wasser auch einmal zu Wort kommen zu lassen. Den Minijob habe ich fristgerecht durchgestanden, die Ehe nicht. Man sollte auch bei der Eheschließung Zeitverträge anbieten und nur wenn es gut läuft das Verhältnis verlängern.

Quirlige Kinder drängeln an mir vorüber. Ich quetsche mich in die Ecke einer kleinen Empore, um den hungrigen Strom Grundschüler auf dem Weg zum Abendbrot passieren zu lassen. Dabei lasse ich meinen Blick aus dem kleinen Fensterchen schweifen. Wow, was für eine Aussicht. In der Ferne sanfte Hügelketten, beschienen vom wundervollen Licht der frühen Abendsonne, unten im idyllischen Tale schlängelt sich die Sieg, oben strahlt der wolkenlose Himmel blau, dazwischen ein fleißiger Handwerker, der dabei ist, eine Burgmauer zu restaurieren. Blödmann, schau doch genau hin! Kalle steht strack in der Koje. Der Typ klopft keine Steine, das sind Finger. Da hängt einer außen dran und der Mann haut ihm kräftig auf die Pfoten. Ich muss an Jörn denken. Könnte das nicht Udo sein, ereifert sich Kalle. Wer, der da hängt oder der da haut? Der da haut, meint Kalle, den, der da hängt, sehen wir doch nicht. Während ich mich auf das Bild einstelle, das mir mein innerer Detektiv vorgibt, beginnt mein Herz spürbar im Hals zu klopfen. Die vermehrte Blutzirkulation erwärmt meine Ohren. Mach mich nicht geck, Elfriede, sage ich zu Kalle und meine kühle Vernunft übernimmt wieder den Führungsanspruch über den Sehnerv. Hier wird doch niemand am helllichten Tag einen anderen über die Mauer springen lassen. Oder doch? Rückwärtig werde ich am Ärmel gezupft: »Kannst du wechseln«, fragt mich ein verstrubbelter Junge mit Matsch im Gesicht und hält mir einen Fünfeuroschein hin. Geistesabwesend schüttle ich den Kopf, will wieder auf den freien Platz, der von den halb hohen Burgmauern umgeben ist, schauen, doch nichts und niemand ist zu sehen. Eine Personenbeschreibung des Kerls könnte ich auch nicht abgeben. Ich habe mir sein Aussehen nicht eingeprägt in meiner Verzückung der abendlichen Stimmung.

»Alles klar?«, fragt Jörn, dem meine Verstörung aufgefallen sein muss. Ich nicke beflissen: »Sicher. Tolle Aussicht. Prima Arbeitsplatz«, lenke ich die Aufmerksamkeit auf mein Gegenüber. Heiner, so tu doch was. Kalles Bitten gleicht dem Maries, die mich im Schuhladen drängte, fester an dem Stiefel zu ziehen, der spack um ihre stramme Wade saß. Mit einem Ruck hatte ich das Teil ab und mit einem Riesenkrach landete ich in der Sonderplatzierung für Gesundheitslatschen. Ihr war das peinlich und ich hatte schon vor der Anprobe gewusst, dass das nicht ihr Stiefel werden würde.

»Hast du das auch gesehen?«, wage ich die Frage.

»Was?«

»Na, da unten, auf dem Platz ...?«

»Du meinst die Bastion. Ja, ein prächtiger Baum, nicht wahr?« Hält er mich jetzt für blöd? Dass der Baum schon einige Jahrzehnte dort steht, erkennt selbst ein Wüstenbewohner mit Sand in den Augen und ob Jörn das stattliche Gewächs auch gesehen hat, kann nicht die Frage sein.

»Ich meine den Mann. Arbeitet da jemand als Restaurator?«, frage ich konkret.

»Nicht direkt und nicht zur Zeit. Udo kümmert sich um dies und das. Doch der hat heute frei. Dann wollen wir mal ...«

Übergangslos beginnt der Burgherr seinen kleinen Vortrag, während sich mein Puls langsam wieder normalisiert. Jörn startet bei der ersten urkundlichen Erwähnung im Jahre 1048. Zugegebenermaßen kann ich mich nicht voll auf die Ausführungen zu den Grafen von Sayn, Graf Heinrich IV. und den anschließenden Streitigkeiten konzentrieren. Das Gesehene erzeugt eine Art unscharfes Nachbild und das, was sich aktuell vor meinen Augen abspielt, sollte ich mir auch einprägen, denn ich werde mich sicherlich verlaufen in den drei Teilen des ehrwürdigen Gemäuers. Kalle, da war nichts. Doch, beharrt der kleine Detektiv trotzig. Die Historie aus Jörns Mund rauscht weiter an mir vorüber. Hellhörig werde ich an der Stelle, in der es heißt, dass die Burg auch einmal als Justizamt nebst Gefängnis genutzt wurde. Ob da tatsächlich ein Verbrechen eben vor meinen Augen stattgefunden hat? Ich muss gleich sofort nachsehen. Jörn plaudert und plaudert, er scheint nicht von hier zu sein, ich nicke hin und wieder, murmle ›ja‹ und ›interessant‹ und werde an der Küche vorbeigeführt, in den neueren Trakt. Es riecht nach Hühnerbeinen, Fritten und Früchtetee. Die Küche würden wir uns nach der Mahlzeit ansehen, jetzt stünden wir da nur im Weg, denn es tobe die allabendliche Schlacht derart, als ginge es um die letzten Vorräte innerhalb einer von feindlichen Heerscharen umstellten Festung. Ebenso sei noch ein Lagerfeuer vorzubereiten mit Fladen und Wildschweinbraten. Wir schlendern durch weitere Flure mit Fluss-, Gebirgs- und Tiernamen. Auch die Zimmer haben darauf abgestimmte Bezeichnungen, die sich ganz nach Höhenlage der Räumlichkeiten richten. Unten Flüsse und Seen, oben Vögel und Gebirge. Jörns Ausführungen schalte ich erst wieder bewusst zu, als er von Richard von Weizsäcker erzählt, der 1986 die Burg nach dem Umbau wiedereröffnet hat.

»Es ist eine der zwei ältesten Jugendburgen weltweit«, verkündet Jörn stolz als hätte er sie selbst errichtet, während wir vor dem Schild ›Privat‹ kehrt machen. Ja, hier befänden sich seine Gemächer. Allzeit bereit, er grinst. Der Mann liebt seine Arbeit, das ist deutlich zu spüren. Ich erfahre noch vom Umgang mit bisweilen schwer erziehbaren Pädagogen, den wundersamen Umtrieben von Baumrednern, die ihre Gesprächspartner mit allerhand Tand im Wald aufsuchten, wobei nicht überliefert ist, was der Baum im Einzelnen darüber denkt, hier lacht Jörn amüsiert, und einer sicherheitstechnisch besonders aufwändigen Tagung von Schlafwandlern. Die Mitglieder einer Dyskalkulie-Selbsthilfegruppe wollten ihn gar mal um den Rechnungsbetrag betuppen. Er sei zwar ausgebildeter Sozialarbeiter aber deshalb noch lange kein vollkommener Idiot. Spannend sei auch jedes Jahr die Burgmauerklettertour und besonders unterhaltsam das Single-Wochenende. So wie jetzt gerade eines zu Ende gehe. Bei der letzten Schilderung blitzt es verschmitzt unter Jörns schmalen Brauen. Ja, er sei Single. Bisher habe sich kein geneigtes Burgfräulein gefunden und seit seinem 50. Geburtstag würde er auch nicht mehr dran glauben, dass ihm eine holde Maid begegne, die mit ihm alt werden wolle. Den Alfons kenne er aus seiner Zivizeit. Woher ich ihn kenne, möchte er wissen. Einer Antwort werde ich enthoben, denn Jörns Handy klingelt und sogleich eilt er redend davon, wendet sich noch einmal zu mir um und ruft: »Guck dir in Ruhe alles an. Bis dann.«

19

Wo genau ich mich ablegen kann, ist bei dem Monolog nicht herausgekommen. Schon 50 ist Jörn, das hätte ich jetzt nicht gedacht. Meine ganz private Theorie, dass Ehejahre doppelt zählen, bestätigt sich mal wieder. Wo wollte ich eigentlich hin? Kalle gibt ohne Zögern ungeduldig die Antwort: zur Mauer runter. Suchend blicke ich mich um, denn irgendwas sagt meinem Nervensystem, dass ich es eilig habe. Mein Puls beschleunigt sich. Ich strebe dem Treppenhaus zu, lasse Gerapple und Gejauchze hinter mir und lande nach - ich weiß nicht - wie vielen Stufen in der Eingangshalle. Gezielt durchquere ich den Innenhof, passiere das innere Burgtor um dann zerstreut auf dem Platz, der Bastion genannt wird, betont unauffällig herumzuschlendern, auf dem vorhin noch der fleißige Handwerker einem Kollegen auf die Finger geklopft hat – haben soll. Ich bin mir ja selbst nicht sicher, was ich da von oben herab gesehen habe. Eine dunkle Kappe unter Grünzeug, vielleicht. Vielleicht hat aber auch der Dienst in der Behinderteneinrichtung meine Sinne zu sehr beansprucht und die drehen jetzt ihren eigenen Film. Ich beuge mich über die breite Mauer, die eine Art Schutzwall gegen herannahende Feinde darstellt und die gesamte Burg mit ihrem inneren und äußeren Burghof umschließt, an deren zwei Eckpunkten noch sichtbar zwei einzelne Türme stehen. Ui, geht das hier in die Tiefe, je weiter man sich um die Bastion herum bewegt, desto weiter ist der Boden von einem entfernt. Doch da ist auch ein kleiner Felsvorsprung erkennbar. Außer dem Gestrüpp darauf kann ich nichts entdecken. Nu guck doch mal richtig, beug dich weiter vor, noch ein Stück. Kalles anspornende Rufe haben mich schon einmal zum Absturz gebracht, doch damals handelte es sich lediglich um eine steile Treppe, die ich auf dem Bauch rutschend hinter mir ließ. Da ist nichts, ich sehe nur einen alten dunkelroten Turnschuh ein Stück weiter links im Geäst und es steckt kein Fuß darin. Als ich mich wieder aufrichte, beide Beine fest auf den Boden stelle, erschrecke ich mich fast zu Tode. Beim Herumschwenken pralle ich gegen einen stattlichen, festen Bauch. Vor mir steht Obelix und grinst. Wie konnte sich ein Dreizentnermann unbemerkt heranschleichen? Du musst deinen Verdacht der Polizei melden, schaltet sich der Advokat in mein Gedankenchaos. Zum Erzfeind gehen, mit einem alten Turnschuh, ohne Leiche? Wozu? Ich habe kein Verbrechen gesehen. Doch, sagt Kalle. Nein, sage ich.

»Du musst der neue Lakai sein«, Obelix grinst amüsiert und schiebt sich die blauweiße Seemannskappe ein wenig aus der hohen Stirn.

»Ich bin Kurt, der Koch hier auf der Festung«, stellt er sich freundlich vor.

Jetzt muss ich auch grinsen, denn sein ritzerotes Bartzöpfchen wippt lustig auf und ab, wenn er spricht. Unterhalb der Mauer im Gebüsch höre ich ein Rascheln. Am liebsten würde ich nachsehen, doch Kurt ergreift mit seiner Hand, groß wie ein Pfannendeckel, die meine und schüttelt sie herzlich. Der Wind wird das gewesen sein, beruhige ich meine Anspannung, die ja hauptsächlich meine kleine innere Stimme Kalle aufgebaut hat. Auf der Bastion steht eine prächtige Rotbuche und um deren Stamm kommt ein kleines braunes Etwas gefegt. Ein Eichhörnchen, trifft mein Erkennungsprogramm eine erste Einschätzung. Jetzt springt das Etwas behände auf Kurts Arm. Ein Hündchen, revidiert das Update.

»Das ist Idefix, Höllenhund und Wächter des heiligen Grals.« Klar, wer sonst, denke ich.

»Gesprächig bis du ja nich«, stellt Kurt mit norddeutschem Zungenschlag fest.

»Tschuldigung – bin noch ganz überwältigt«, gebe ich zurück und schicke ein entspanntes Lachen hinterher. Die beiden geben eine zu witzige Figur ab. Kurts wasserblaue Augen funkeln listig. Er wird sich gerade ein Bild von mir gemacht haben mit der Unterzeile: Lesen Sie die Packungsbeilage oder fragen Sie Ihren Arzt oder Apotheker. Er muss mich für einen Verwirrten halten.

»Macht nix«, sagt er wie als Antwort auf meine Gedanken.

»Na, wie is'? Ich wollt grad einen trinken gehen. Komm man mit.«

Die freundliche Einladung duldet keine Widerrede und ein bisschen Durst hätte ich auch.

Wir kehren in das kleine Café in der Nähe des Schlossgartens ein. Hier gibt es Flaschenbier und Biowein, antikes zusammengewürfeltes Mobiliar, moderne Kunst an den Wänden, Jazz aus den kleinen Boxen und einen schönen Ausblick durch Sprossenfenster. Beim Biere erläutert Kurt mir meine Aufgaben. Ich bin ganz Ohr. Kurt legt seine Kappe ab und zum Vorschein kommt eine ausgesprochen hohe Stirn. Auch eine Art Cabrio. Kaum, dass die Mütze die Tischoberfläche berührt, beginnt die freundlich lächelnde Cafébetreiberin ähnlich einer zauberhaften Elfe, lautlos und ohne wörtliche Aufforderung ein Bierchen nach dem anderen zu bringen. Kurt verbrennt es sogleich wie ein gut geschmierter Unimog-Motor mit seinen zwei jeweils vierfach untersetzten Getrieben. Nach je drei einfachen Sätzen folgen fünf kräftige Schluck Beck's. Die Aufzählung meiner Pflichten brummt ruhig durch den Raum bei immer gleicher Drehzahl und beständiger Laufruhe des Motors. Selbst nach der sechsten Betankung arbeitet die Kurt-Maschine ohne zu Stottern. Die To-do-Liste spult wie von einer Seilwinde gezogen ab:

Vor Tagesanbruch die Spuren der Nacht beseitigen. Mülleimer leeren. Müll trennen. Flaschen sortieren, nur die aus Glas. Geschirr für das Frühstück bereitstellen. Abräumwagen entleeren. Spülmaschine bestücken. Je nach Art der Gäste Bestecke zählen. Vor allen Dingen die Messer. Mit einer Gruppe minderjähriger Straftäter habe es mal schlechte Erfahrungen gegeben. Der Betreuer habe die Attacke glücklicherweise überlebt. Das unsachgemäß geführte Frühstücksmesser verfehlte dessen Halsschlagader nur knapp. Kurt hebt den kleinen Finger. Das Zeichen für die Elfe, einen Kurzen zu bringen. Der Motor braucht einen weiteren Schmierstoff. Zisch und weg und weiter mit den Aufgaben. Aufmerksam, gespannt höre ich zu, während vor mir ein Glas sehr stilles Wasser verdunstet.

Besendienst in den Fluren checken. Es müssen immer die entsprechenden Waffen in jedem Flur verfügbar sein: Besen, Kehrblech, Handfeger. Für das Mittagessen Gemüse putzen, Kartoffeln schälen und was so anfällt. Montags, mittwochs und freitags ginge es zu wie 1789 bei den ausgehungerten Franzmännern. Es sind die An- und Abreisetage. Dann solle ich dem Putztrupp zur Hand gehen. Betten herrichten sowie die entsprechenden Säuberungsaktionen, Wischen, Putzen, Ordnung machen. Wenn ich handwerklich geschickt sei, wäre es möglich, dass ich kleinere Reparaturen ausführe. Dichtungen ersetzen und so ein Kram. Udo, eine Art Hausmeister, habe immer irgendwo eine Schraube locker – es folgt ein kerniges Lachen. Holz hacken, ja und Botengänge, wäre klar, näch, und die Bestimmung eines jeden Lakaien. Ob Kurt mir noch sympathisch ist? Ja, doch. Im Grunde sei alles ganz einfach, sagt er und schaltet in den Kriechgang: Da sein, wenn man gebraucht wird, nützlich sein, nicht im Weg rumstehen und ansonsten nicht weiter stören. Das sei die Formulierung seiner Tochter auf die Frage, wie ein Ehemann sein solle. Diese letzte Bemerkung erheitert einen Mann am Nebentisch, aus dessen herzhaft lautem Lachen ein verzweifeltes wird, gefolgt von einem Seufzen, das schließlich in leises Weinen übergeht. Die Elfe stellt einen weiteren Klaren und ein Bier auf unseren Tisch und lächelt wohlmeinend, dem traurigen Mann stellt sie einen doppelten hin. Kurt kippt den Kurzen, ein letztes Rütteln geht durch den Unimog, Zündung aus, Kurts Motor steht still. Sein Durchschnittsverbrauch im Dauerbetrieb beträgt grob überschlagen 0,75 l / 100 s (Liter pro hundert Silben).

20

Kurt wischt sich ein Tröpfchen Bier aus dem Bart, hebt sich aus dem Holzstuhl, dem einzigen im Raum, der so robust geleimt ist, das er dem Gewicht eines stattlichen Ritters samt voller Rüstung standhielte, und verordnet uns Bettruhe.

»Ach, ja, Arbeitsbeginn fünf Uhr.« Dabei haut er aufmunternd auf den Tisch, dass sich das schale Wasserpfützchen in meinem Glas zur Mitte hin auftürmt und nach allen Seiten eine Welle macht. Eine Gruppe Jugendlicher stürmt das Lokal, während wir es verlassen. Die Treppe hinauf steigend macht Kurt eine kreisende Handbewegung zur Elfe. Das Zeichen für sie, ihre schwarze Kladde zu öffnen und einige kryptische Symbole hinein zu schreiben. Sie wünscht uns eine gute Nacht. Es ist noch nicht mal neun Uhr. Ich bin gleichermaßen platt und aufgewühlt. Kurts Erläuterungen haben meinen Mund ausgetrocknet und in meinem Körper herrscht bleierne Schwere. Auf unbekanntem Terrain steht man erst mal wie am Fuße eines steilen Berges. Ich stehe am Fuße der hohen Burgmauern auf der Spitze eines Berges. Kurt verabschiedet sich mit einem Schulterklopfen und den Worten, er würde jetzt den Hinkelstein vor seine Bärenhöhle rollen und felsenfest schlafen. Idefix folgt ihm auf dem Fuß, hebt am Burgtor ein Bein und hinterlässt seinen Gruß.

Mein Körper fühlt sich zwar schlaff an und bewegt sich entsprechend, doch mein Geist arbeitet rege, wenngleich planlos. Gedankeneintopf. Es ist vergleichbar mit dem Essen in meiner früheren Werkskantine. Im Freitagsmenü waren sämtliche Bestandteile in veränderter Form und variiertem Gemisch aus dem Speiseplan der ganzen Woche anzutreffen. Alles Übriggebliebene wurde vermengt und mit einer Pappsoße mal mehr mal weniger lose verbunden. Ähnliches spielt sich gerade in meinem Kopf ab. Unzusammenhängendes Gedenke. Hier ein Krümel, dort ein Haufen Krumen, zwischendrin Blasen mit Gasen. Wie nach Genuss des Freitagsfraßes ist man zwar satt aber nicht zufrieden, fühlte sich aufgebläht und unwohl. Ich habe mental keine Langeweile, fühle mich aber konfus. In eben diesem Zustand streife ich an der äußeren Mauer der Bastion entlang, in der Erinnerung ein Bild des Turnschuhs. Es ist noch hell genug und ich werfe einen Blick über die Mauer. Der Schuh ist weg. Wahrscheinlich aus dem Geäst geplumpst oder, ach was kümmert's mich. Hirngespinste. Ich richte mich auf und blicke in die Ferne, versuche einen Punkt am Horizont zu fixieren und mich darauf zu konzentrieren. Meine Augen registrieren einen Falken, der in der Luft hängt. Auch er scheint etwas ins Visier genommen zu haben und lauert. Da bewegt sich was. Die Beute scheint in greifbarer Nähe, der Raubvogel bringt sich in Stellung und stürzt sich pfeilartig hinab. Mein Blick folgt seinem Flug. Aus dem rechten Augenwinkel sehe ich, wie sich unten auf einem schmalen Pfad ein Müllsack bewegt. Graue Folie schimmert im Licht. Der Falke dreht plötzlich ab. Pech gehabt, sein Hunger bleibt. Mein Fokus wechselt von Panorama auf Portrait, stellt sich scharf, im Sucher der sich bewegende Müllsack. Jetzt kann ich es erkennen. Jemand trägt ihn über die Schulter und kämpft sich mit dem Gewicht den steilen Pfad hinauf. Der Sack wird abgestellt und Udos Riesenschnauzer kommt darunter zum Vorschein. Hat Jörn nicht gesagt, Udo habe heute frei? Er wischt sich die Stirn am karierten Hemdsärmel ab, schaut sich um und entdeckt mich. Kalle raunt mir zu, ich solle mich in Acht nehmen, der hätte bestimmt eine Leiche auf dem Buckel. Ich scheine Udo angestarrt zu haben, denn er sieht sich genötigt, das Wort an mich zu richten, wobei er rufen muss:

»Ab morgen ist das dein Job!«

Leichen herumtragen?

»Was?«, frage ich zurück, als habe ich ihn nicht recht verstanden.

»Die unerzogenen Gören werfen immer ihren Müll und anderen Kram hinunter ins Gebüsch, denen gehört allen eine Tracht Prügel!« Wie um seine Aussage zu unterstreichen greift er ins Gesträuch und zieht einen Ghettoblaster hervor, öffnet den Müllsack und lässt ihn mit Wut darin verschwinden. Soviel zum Thema Traumjob, raunt Kalle, der sich wohl Gedanken um seinen späteren Brotberuf macht.

Ich frage mich, ob ich Udo helfen soll. Wäre ja eine nette Geste zum Einstand. Doch wie ist der kleine Kirmesmann da herunter gekommen?

»Soll ich mit anpacken?«, rufe ich ihm nach, bevor er hinter einem Felsvorsprung verschwindet.

Als Antwort höre ich nur einen Grunzlaut, der freie Interpretationen zulässt. Eigentlich klang er abweisend. Man redet generell nicht so freundlich, wenn man schwer zu schleppen hat, erklärt der sozial eingestellte Besserwisser in mir, der für alle Missstimmungen meiner Mitmenschen eine Entschuldigung parat hat. Ich beschließe also, dass Udo zu den Menschen gehört, die von vornherein erst mal ablehnend Fremden gegenüberstehen und die man nur richtig deuten muss, wie den alten Meister in der Lehrwerkstatt seinerzeit. Zunächst mal rummotzen, die Truppe demoralisieren und jene, die sich davon nicht schrecken lassen, ins Herz schließen. Vielleicht ist Udo auch so einer, wenngleich er nicht halb so alt ist wie mein Lehrmeister. Vielleicht auch nicht, flüstert Kalle, der mich an meinen Freund aus Kindertagen erinnert. Wir hatten Klingelmännchen gespielt und ich war der Meinung, es sei besser, das Haus des Hauptschulrektors auszulassen. Der Kerl verstünde keinen Spaß und würde sicher schon hinter der Tür lauern, um uns nach dem Streich zu verkloppen. Mein Kumpel war anderer Ansicht. Ich sollte recht behalten, denn wir wurden ordentlich von ihm verbimst, noch bevor der Klingelknopf wieder in Ausgangsposition war. Pah, von wegen ›allen eine Tracht Prügel‹, nicht der Kinderhintern verhornt, sondern die Seele. Werde nicht sentimental, appelliere ich an mich und bewege meinen erwachsenen Körper zu einem von Büschen fast zugewachsenen Durchlass am Rande der breiten Bastionsmauer. Von hier müsste man doch auf den Pfad gelangen. Über mir kreischen Krähen zornig, unter mir kommt das Geröll ins Rollen. Ich rutsche mehr als dass ich laufe und komme ums Gleichgewicht kämpfend zum Stehen, dank eines wuchernden Himbeergesträuchs, dessen dornige Fangarme sich in mein Hemd gekrallt haben, ja und in mein Fleisch. Jetzt kreischen über mir drei pubertäre Mädchen und neben mir verdreht Udo die Pupillen. Leicht kopfschüttelnd stapft er weiter, murmelt, dass er ohne meine Hilfe besser dran ist und verschwindet aus meinem Gesichtsfeld. Seine ganze Art erinnert mich an einen Jungen aus der Burbacher Amisiedlung. Immer ne große Klappe, schon mit 14 einen Oberlippenbart und der Schwarm einer gewissen Gruppe von Mädchen, ähnlich denen von vorhin. Vor kurzem sah ich den Typen wieder, er saß in der Fahrerkabine eines Baggers, bierbäuchig und glatzköpfig.

Wir sind nicht hier um Freunde zu finden, sagte der Marketing-Abteilungsleiter in meinem Betriebspraktikum. Mission impossible, gluckst Kalle. Halt die Klappe, stutze ich ihn zurecht und befreie mich vom Geäst. Der Himbeerstrauch scheint zu grinsen. Den Abhang vor Augen, die Titelmelodie des erwähnten Films im Kopf, beschließe ich, wo ich schon mal da bin, den Pfad entlang zu gehen, um zu sehen, wohin er führt. Ich wende mich in die Richtung, aus der Udo gekommen ist. Irgendwie fühle ich mich an die Schützlinge im Heim erinnert. Udos Gang glich dem von Torsten, und Billes Filmlexikon hätte eben bestimmt einen coolen Spruch gewusst. Ich weiß nur, dass ich mich megabescheiden fühle und mich ran halten muss, denn die Schatten der Nacht grinsen immer breiter und unverschämter aus dem Himbeerstrauch.

21

Die Welt der Entrückten erscheint mir heimelig, während ich jeden Schritt genauestens plane und die Füße mit Bedacht aufsetzte. Ich bin ja noch nicht mal astrologisch gesehen ein Steinbock. Jetzt müsste ich mich ungefähr dort befinden, wo ich den Schuh gesehen habe. Blinzelnd schaue ich nach oben und meine, den Ast zu erkennen, an dem er gebaumelt haben muss. Im Gebüsch hängt nur das übliche Blattwerk. Freund Kalle kriecht mit der Lupe am Boden rum. Du musst nach Schleifspuren suchen, kommandiert er meine Nasenspitze auf seine Höhe. Ich gehe in die Hocke, es kracht in den Kniegelenken. Wäre das jetzt ein schneebedeckter Hang in den Alpen, hätte das Geräusch ausgereicht, um eine Lawine auszulösen. Doch hier wird nur ein Vogel aus dem Nest geschreckt. Schimpfend flattert er um sein Gelege. Es sind zwar Spuren zu sehen, was aber auch kein Wunder ist, wo Udo mit dem schweren Sack hier längs gekommen sein muss. So allmählich wird auch Kalles Phantasie müde. Ich werde zurückgehen und erkunden, wohin der Weg mich am anderen Ende führt. Irgendwo bei der Burg müsste er rauskommen, das wäre zumindest logisch. Vielleicht wurde dieser Pfad einmal als geheimer Versorgungsweg angelegt für den Fall, dass die Burgbewohner ausgehungert werden sollten. Mein Magen knurrt hörbar. Gleich nach dem Spaziergang werde ich mir einen Müsliriegel gönnen. Ein Restposten von Rudi. Schwer stütze ich die Hände auf meine Knie und will mich in die Aufrechte stemmen, da wird mein Blick auf einen glänzenden, glatten Stein gelenkt. Sieht aus wie ein Halbedelstein. Schmuckstein, schlaumeiert der Advokat, halbe Edelsteine gäbe es nicht. Der Rechtsanwalt hat wohl nichts zu tun. Ob da noch weitere Schmucksteine sind? Ich hebe den glatt geschliffenen, polierten, blauen Stein auf und suche weiter. Hinter einem groben Schieferblock liegt noch einer, der nicht von Alters her hier ist, ein Rosenquarz vielleicht, auch ihn lasse ich in meine Tasche gleiten. Ich krieche weiter und stoße auf Bergkristalle, ganz kleine Bruchstücke, zwischen ihnen liegen gräuliche, unregelmäßig gesprenkelte Steine und ich meine, derartige bereits früher einmal gesehen zu haben. Bei Annegret? Ich stecke alles ein und freue mich schon auf ihr Gesicht, wenn ich sie mit diesen Geschenken überrasche. Gleich morgen werde ich dem Kiosk in der Nähe des Schlossgartens einen Besuch abstatten. Ich schätze, die verkaufen dort solche Schmucksteine und wissen, um welche Sorten es sich bei meinen Fundstücken handelt. Doch wie kommen die hierhin, raunt Kalle. Der kann plappern was er will, ich will jetzt hier weg und ins Bett. Und was ist mit der Erkundung des Pfades, versucht der Bengel mich zu überreden. Morgen ist auch noch Zeit und besseres Licht, beende ich die Sache. Fünf Uhr Dienstbeginn.

Der Burgbroschüre entnehme ich den Standort des Hungerturms, einer der Türme, die innerhalb des

Schutzwalls eingebettet sind. Er steht rechts vom Hof und schützt die Burg vor Angriffen aus Richtung Mudersbach, was heute in Nordrhein-Westfalen liegt, wohingegen die Burg zu Rheinland-Pfalz gehört. Hier soll ich mich also niederlegen. Ich raffe meinen Rucksack aus dem Wagen, denke sogar daran, die Schweißröhrchen in den vorfrankierten Umschlag zu stecken und in den Briefkasten schräg gegenüber zu werfen, gehe anschließend schweren Schrittes durch den äußeren Burghof und erklimme die Steinstufen zum Turm. Hoffentlich ist Michael schon drin oder wenigstens die Tür nicht verriegelt. Ich klopfe. Niemand antwortet. Ich rüttle zaghaft am Griff und zu meiner Überraschung lässt sich die schwere Holztür sehr leicht öffnen. Sie quietscht nicht mal in den alten Angeln. Es ist ziemlich dunkel hier. Meinem Hallo-Ruf folgt Stille. Langsam tapse ich mich ins Innere des runden Raums. Schemenhaft erkenne ich zwei Feldbetten und jede Menge Gerümpel. Aufräumwütig scheint Michael nicht zu sein. Auf dem rechten Bett liegt ein Haufen Kram, als hätte jemand etwas ausgekippt, um darin wühlend etwas zu suchen. Der Anblick erinnert mich an Maries' ›Ich-habe-garnichts-zum-Anziehen‹-Anfälle. Ich finde auf Anhieb keinen Lichtschalter und bin zu unmotiviert danach zu suchen. Jetzt habe ich wieder keine Gelegenheit das Kleingedruckte der Dufttests zu lesen, wobei mir doch eben ein Wort ins Auge sprang, das mich neugierig machte: Bibergeil. Im Dunklen kleide ich mich aus, rolle meinen Schlafsack auf, begebe mich hinein, ›sssipp‹ reißverschlusse mich, und wünsch mir eine gute Nacht.

22

Endlich, endlich Ruhe! Das Getrappel und Gekicher hat ein Ende, die Krieger sind müde. Die Kinder der Plattfußbande halten endlich ihre Klappen. Ich wuchte meine Knochen von der linken auf die rechte Seite, dabei streift mein Blick die Leuchtziffern der Armbanduhr. 4:30 Uhr, blinkt es blau. Verfluchter Scheibendreck! Die ganze Nacht lang sind die kleinen Biester hier herum geschlichen und haben Krieg der Sterne gespielt. Denen gehört allen eine Tracht Prügel, hallen Udos Worte in mir nach und mein gerädertes Ich muss ihm recht geben. Die Müdigkeit zwingt mich dazu. Was machen eigentlich die Lehrer? Trinken sich bestimmt selbst einen und schlafen entsprechend bettschwer wohlig sanft, decken ihre Verantwortung mit dem weichen Plumeau zu und träumen selig von den kommenden Ferien, ja, und die kommen bald, soviel wissen sie. Was sie nicht wissen oder nicht wissen wollen ist, wie ihre Schutzbefohlenen nächtens die Menschen in ihrer unmittelbaren Umgebung durch Schlafentzug foltern. Bin ich geladen! Ja, ja, ich höre schon die Pädagogenschar geifern. Nein, ich will nicht mit ihnen tauschen und trotzdem bleibt es dabei – wat bin ich geladen, richtig gerädert. Eine gängige Foltermethode im Mittelalter. Mit fahrigen Bewegungen ziehe ich mich an, krabble auf dem Boden umher, um den linken Socken unter der Bettstatt hervorzuziehen, verdammt, wer hat den bloß dahin geschmissen. Der vermaledeite Strumpf bleibt irgendwo hängen, ich ziehe voller Ungeduld, ratsch, ein Loch hinein. So ein Mist. Ist jetzt auch egal. Meine miese Laune ist eh nicht mehr zu steigern. Angenervt ziehe ich mir den Gürtel um meine Wut im Bauch enger. Wenn Groll satt machen würde, hätte ich gut gefrühstückt. Ich krall mir den nötigen Kram und will eine Waschgelegenheit aufsuchen, da fällt mir ein, dass ich nicht mal danach gefragt habe. War da nicht gestern eine Regentonne neben dem Kiosk, meine ich mich zu erinnern. Ich schmeiß meinen Krempel wieder hin, nehme mir einen der fünf Eimer, die am Fuße des unbeschlafenen Nachbarbettes stehen, und begebe mich auf Wassersuche. In der Tonne herrscht derart reges Treiben von Mückenlarven, dass ich beschließe dreckig zu bleiben. Ich habe noch einen Schluck Mineralwasser, der muss zum Zähneputzen reichen und alles andere wird auf der Tagesordnung nachgelagert. Wenigstens kämmen könntest du dich, springt mir das Konterfei im Spiegel hinter der Tür angriffslustig meckernd ins Gesicht.

Oberflächlich betrachtet bin ich fürs Freigehege zugelassen, attestiere ich mir. Jetzt noch die nächste Testserie in die Achselhöhlen reiben, Pads drauf und auf, die Pflicht ruft. Ui, dieses Produkt riecht etwas strenger als die Präparate zuvor. Ob ich da jetzt mal keinen eiligen Fehler gemacht habe. Sie kennen das

– im Grunde steht es ja auch immer im Beipackzettel oder in der Gebrauchsanleitung: erst lesen, doch Sie tun es nicht, weil Sie ja die Routine haben und eigentlich wissen wie es geht. Blöd ist es eben dann, wenn sich etwas geändert hat in der Zusammensetzung oder den Teilen in der Aufbauanleitung. Nun ist es zu spät. Wasser zum Abwaschen habe ich eh nicht. Ich setz darauf, dass der animalisch süßliche Duft bald verfliegen wird. Da ich mich so früh am Morgen unbeobachtet wähne, marschiere ich flügelschlagend wie beim Ententanz Richtung Personaleingang oder wie immer man auch den Ein- und Ausgang nennen soll, dessen Flur flankiert ist von leeren Getränkekisten und sortiertem Altpapier. Auf dem Weg dorthin schrecke ich einen Schwarm Fliegen beim Frühstück an der Mülltonne auf. Die Fliegen halten in der Luft inne, formieren sich und stürzen im Pulk auf mich zu – Angriff der Killerfliegen – das glaubt mir doch keiner, denke ich noch, ergreife die Flucht nach vorn, renne durch den Personaleingang und schlage krachend die Tür hinter mir zu, keine Sekunde zu spät. Ich meine fast zu hören wie die kleinen schwarzen Körper der kriegerischen Fliegen vom betagten Holz der Tür harsch gestoppt werden, plopploploppplopp. Dammich, was für ein Zeug teste ich denn hier? Zum Glück sind es nur Fliegen und keine Biber. Ich muss unbedingt duschen. In meiner Nähe wird bestimmt jedes Blatt Salat welk, jedes Brötchen lappich, jede Scheibe Wurst wird sich grünlich verfärbt einkringeln während die Marmelade zu gären beginnt und der Käse käsig wird. Noch ist es nicht ganz fünf Uhr. Drei Minuten! Ich rase die nächste Treppe hinauf, husche zu den Seen, stoppe zwischen den Zimmern Bigge und Sorpe, reiße mir noch im Gehen die Kleider vom Leib und stelle mich unter eine Dusche im Waschraum. Heiß, sehr heiß fließt das Wasser an mir herab. Suchend blicke ich mich um. Irgendein Kind wird doch gewiss sein Duschzeug hier vergessen haben. Ich habe Glück und finde eine fast leere Flasche Shampoo. Ich ringe ihr das letzte Tröpfchen ab. So, klar spülen und nass rein in die Klamotten. Wie das so ist wenn man es eilig hat, rutscht einem das Hemd nicht übern Buckel. Jetzt ist es Schlag fünf. Während ich mit der Lochsocke kämpfe, höre ich jemanden über den Flur schlappen. Ich keuche leiser. Fertig! Nichts wie raus hier und mich beim Burgherrn gemeldet. Zuvor noch die Pads durchs Klo jagen. Hoffentlich wird dadurch nicht das Grundwasser eines ganzen Landstrichs vergiftet und hoffentlich ist der Gestank jetzt so weit von mir runter, dass sein Aroma, das mich bestimmt noch ein wenig umweht, nicht sofort mir zugeordnet werden kann. Ich entwickle eine Notfallstrategie, die vorsieht, dass ich mich niemals länger als drei Wimpernschläge an einer Stelle aufhalten werde. Ähnlich wie Lucky Luke muss ich dafür nicht schneller als mein Schatten sein, sondern lediglich schneller als meine Dunstglocke. Klingt machbar. Selbst kann man sich ja für gewöhnlich schlecht riechen, doch mir hängt das Animalische noch irgendwie quer unter der Nase, uah. Ich rieche bestimmt immer noch wie eine überreife Puffmutter. Heiner, so was sagt man nicht, soll ich dir den Mund mit Seife auswaschen, droht meine Mutter krähend. Drei Minuten nach fünf und ich klopfe an die Bürotür von Jörn Jäger. Der kommt ein fröhliches Liedchen pfeifend um die Ecke, wobei seine frisch gefönten Haare luftig wehen. Meine Güte, ist der gut gelaunt und das zu dieser Stunde. Er grinst mich an:

»Bereit?«

»Sicher«, nicke ich zuversichtlich.

Ich erhalte den Auftrag, den Grillplatz zu reinigen, was bedeutet, dass ich wieder an den Fliegen vorbei muss. Der Grillplatz liegt im so genannten äußeren Burghof, genau zwischen dem Hungerturm und der Burg. Mit Tüten, Besen und Kehrschaufel bewaffnet gehe ich den Weg zurück, den ich gekommen bin, um aufzuräumen. Vorsichtig spähe ich außen an der Holztür herab. Da liegen sie, die schwarzen Leichen, deren Flügel im ersten Sonnenstrahl farbig schillern. Ob die Chemiefirma mir versehentlich einen Kampfstoff unter die Achseln gejubelt hat? Ich höre schon, wie mir jemand ihr Entschuldigungsschreiben vorlesen muss, da ich erblindet und mit einer blasenwerfenden Haut sterbend daniederliege. Von einem bedauerlichen Irrtum wird die Rede sein und davon, dass es ihnen leid tue und man mir ein Wochenende auf einer Wellnessfarm spendieren möchte. Je mehr ich mich da hineinsteigere, desto mehr juckt und brennt es unter meinen Armen. Teufel noch mal!

Das Singlegrillen muss ein voller Erfolg gewesen sein. Je nachdem wie man es sieht. Ich sammle etliche leere Flaschen Wodka ein und leere Brausetütchen fliegen über den Grillplatz, Ahoi Seemann. Auch andere Tütchen finde ich in einer Nische der Burgmauer nahe dem Waffenturm. Nur diese Tütchen sind nicht leer. Die hätten doch wenigstens einen Knoten oben rein machen können. Nä, also wirklich! Die schlüpfrigen Dinger wollen nicht in meiner Müllzange bleiben, ich brauch Handschuhe, dringend.

23

Von dem Gang aus, durch den ich gekommen bin, führen einige Türen links und rechts in Lager- und Wirtschaftsräume. Wenn ich Glück habe, sollten dort Handschuhe zu finden sein. An der Mülltonne hat sich ein neuer Pulk Fliegen gesammelt, doch diesmal nehmen sie keine Notiz von mir. Ihr Fresstrieb scheint mächtiger als ihre Jagdlust. Um ihre Toten vor der Tür kümmern sich die Ameisen. Hi, Kollegen, grüße ich sie leise, steige über das geschäftige Treiben hinweg und schlüpfe durch den Spalt. Alles so still hier im kühlen Gang. Ich entscheide mich für die erste Tür links. Ein Lagerraum für Getränke. Rechts gegenüber harren Toilettenartikel und Reinigungsutensilien ihrer Verwendung. Vielleicht werde ich hier fündig. Irgendwie riecht es hier komisch. Bin ich das etwa? Unter einem Regal entdecke ich einen riesigen alten Reisekoffer, der so gar nicht ins Bild passen will. Er ist unter dem Staub wahrscheinlich dunkelgrün und außen hat er sowohl Holz- wie auch Eisenbeschläge. Solche Koffer hat man um die 19. Jahrhundertwende benutzt. Meine Achenbachoma hatte so einen ähnlichen oben auf dem Ollern. Dieser Koffer hier scheint Quelle des Geruchs zu sein. Gerade als ich mich dorthin bücken will, knallt hinter mir die Tür ins Schloss und eine drohende Stimme fährt mich an:

»Was machst du denn hier?«

Ich habe den kleinen Kirmesmenschen gar nicht kommen hören. Udo baut sich breitbeinig wie ein Cowboy vor mir auf, so dass ich völlig erschrocken aus der Hocke wieder hoch komme und verstört antworte:

»Handschuhe. Ich suche Arbeitshandschuhe.«

Mit einem schnellen Griff fasst er sich ans Gesäß, zieht beige Handschuhe hervor wie einen Colt und knallt sie mir vor die Brust. »Nimm die solange«, weist er mich an, »und demnächst fragst du erst, bevor du hier herumstrolchst.«

Der behandelt mich ja wie mein alter, jedoch zwei Meter großer Mathelehrer aus der Realschule, fehlt nur noch, dass er auf den Zehen wippt, was aber im Falle des erheblich kleineren Udos lächerlich wirken würde. Er baut sich breit vor mir auf. Nu reicht's aber, will ich mich entrüsten und drehe mich im Gehen noch einmal um. Jetzt lächelt Udo versöhnlich:

»Hier wird schon mal viel geklaut. Nicht, dass ich dich für einen Dieb halte, aber, na ja, frag halt eben und ich gebe dir, was du brauchst. Ist besser so, vor allen Dingen, weil du dich hier ja auch noch nicht so gut auskennst.«

Ich nicke nur und bin irritiert ob seines Auftritts und Wandels. Tu, was du tun sollst und stecke deine Nase nicht in Angelegenheiten, die dich nichts angehen, war ein oft gehörter Rat, eher Verweis, meines jungendlichen Ausbilders im Kessel- und Behälterbau. Nachdem ich seine Hand unterm Rock der Chefin habe fuhrwerken sehen und er mich einen Chemietank reinigen schickte. Da hatte ich dann die ungeschützte Nase schnell voll von meiner eigenen Angelegenheit.

Bäh, die besudelten Lümmeltüten fühlen sich durch die Handschuhe auch nicht besser an. Safer Sex. Die hatten ihren Spaß und ich hänge jetzt hier an der Burgmauer und kämpfe gegen den Brechreiz. Kämpfe lieber gegen das Verbrechen! Kalle will mir unter allen Umständen einen Mord einreden. Hast du heute deinen freundlichen Kammergenossen, den großen, blonden Michael schon gesehen, fragt er. Kalle, es ist noch früh, guck mal auf die Uhr. Und es ist nicht meine Angelegenheit! Der Junge glaubt doch allen Ernstes, der kleine, schmächtige Udo habe den drahtigen Mineralienverkäufer, der sich ab kommendem Wochenende Micele nennen wird, im Sack quer übern Buckel gehabt. Die Sinne haben uns einen Streich gespielt, Kalle. Da war bestimmt niemand, der einen anderen auf die Finger geklopft hat. Obwohl es tatsächlich so ... alles Quatsch! Zu klären, wo sich ein gut aussehender Mann mit langem, goldenem Haar aufhält, ist nun wirklich nicht meine Angelegenheit! Aber, so Kalle Neunmalklug, sieh es doch mal so: Wenn du deine Nase ausschließlich in deine monotone Angelegenheit steckst, ist die nur halb ausgelastet und du hättest noch ein Nasenloch frei für anderer Leute Angelegenheit. Kalle, ermahne ich ihn, doch er setzt unbeirrt fort: Krankt nicht gerade daran die Gesellschaft? Da sterben Leute, verwesen monatelang in ihren Wohnungen und niemand nimmt Notiz. Stopp – ist gut jetzt!

Mit Akribie widme ich mich meiner gestellten Aufgabe. Rund zwei Stunden verbringe ich ungestört mit der Reinigung des Außenbereichs. Nachdem die zur Verfügung stehenden Mülleimer voll sind, finde ich hinter der Mauer des inneren Burghofs einen Verschlag mit großen Containern. Vor denen hat gestern der Transporter geparkt, erinnere ich mich. Ich stopfe den letzten Müllsack hinein und begebe mich auf den Rückweg zum Lakaieneingang, wie ich die Tür zum Bettentrakt des Neubaus bezeichnen will. Ich könnte noch mal einen Blick in den Raum mit dem alten Koffer riskieren. Ganz unauffällig, versteht sich. Doch da wird nichts draus. Als ich um die Ecke biege, um durch die Pforte zu gehen, die mich wieder in den äußeren Burghof zurückführt, genauer, als meine Nase um die Ecke biegt, bekommt sie eine drübergezimmert. So muss Fernsehdetektiv Matula sich fühlen, wenn er lautlos zu Boden geht. Das Licht geht aus, die Ohren sind noch auf Empfang und ich höre Kurt etwas über Wackersteine sagen. Dann wird es still.

»Hey, Heiner, aufwachen«, höre ich Kurts Stimme wie durch Wasser. Mein Kopf steckt in einem Goldfischglas. Irgendwo dort draußen schlägt eine Tür und ein Transporter fährt weg. Als nächstes watscht Kurt mir noch eine und ich ziehe es vor, die Augen so rasch wie möglich wieder zu öffnen. Kurt greift mir unter die Arme und zieht mich an der Mauer hoch in Sitzposition.

»Alles in Ordnung?«, fragt er besorgt, doch kann er das Grinsen nicht unterdrücken.

»Ich glaub, mich streift ein Bus«, kullern die Wörter wie Murmeln aus meinem Mund.

»So ähnlich, du hast die Pforte an den Kopp gekriegt und deine Nase sieht aus als wärst du versehentlich ins Sparring der Klitschko-Brüder geraten«, jetzt grinst er unverhohlen und bittet mich ihm zu folgen, in der Küche habe er Eis.

Ich folge ihm auf wackligen Beinen, bleibe ein wenig zurück, um einen Blick in den Lagerraum zu werfen. Der Koffer ist fort und wenn mich nicht alles täuscht, hat Kurt Obelix ihn eben verladen. Es klopft in meinem Gesicht. Mir ist, als begehre ein Specht Einlass in meinen wirren Kopf. Wenn das Riechorgan mal nicht gebrochen ist.

»Wie konnte das denn passieren?«, frage ich das breite Kreuz vor mir. Der gestern noch redselige Kurt gibt sich wortkarg und murmelt was vom Wind.

»Mit so einer Wucht? War da nicht auch noch ein Transporter?«

Statt einer Antwort betritt Udo die Szenerie in der Küche und macht sich an der Kaffeemaschine zu schaffen, während Kurt schweigend Eiswürfel in einen Beutel kippt. Ich sitze wie ein Schluck Wasser in der Kurve auf einem wackligen Schemel am Fenster.

»Du solltest besser auf dich achten. Das Leben zur Ritterzeit war nicht ungefährlich.« Udos Rat soll wohlgemeint klingen, doch etwas Drohendes geht von ihm aus. Er nickt Kurt zu und verlässt wieder den Raum. Sein Auftritt hatte was Theaterreifes, allein ein guter Meter Körperlänge und ein glänzend schwarzer, wehender Umhang fehlten. Kurt drückt mir den Eisbeutel ins Gesicht. Behalte ihn im Auge, raunt Kalle. Im Moment sehe ich klar, eiswürfelklar. Das tut gut. Hier stinkt doch was zum Himmel, Heiner, ärgert Kalle sich über die Ereignisse. Ich riech nix, entgegne ich durch meinen geschwollenen Zinken leise und nasal.

»Was?«, fragt Kurt.

»Wie lange arbeitest du schon hier?«, richte ich eine Frage an den Koch.

»Lange genug. Wann willst du denn mal damit anfangen?«

Irgendwas ist dem Kurt über die Leber gelaufen. Nichts Hochprozentiges, denn dann wäre er nicht so griesgrämig. Voller Aktionismus werfe ich den Eisbeutel ins Spülbecken gleich neben ihm und frage:

»Stets zu Diensten, ehrwürdiger Küchenmeister, was soll ich tun?«

Gegen seinen Willen muss der so Angesprochene grinsen. Einige seiner Handgriffe später löst sich eine Aspirin in Wasser auf und vor mir türmen sich etliche Schälchen, die ich mit Marmelade, Pflaumenmus, Müsli, Joghurt und anderem Frühstückszeug füllen soll. Brot aufschneiden, Brötchenkörbe aufstellen, Saft in Karaffen gießen, Eierkocher bedienen, Frühstückende beaufsichtigen, Munition nachliefern, falls was vergriffen ist. Eine etwas pummelige Teilnehmerin vom Single-Weekend will mich gewaltsam in ein Gespräch ziehen und fragt banalen Kram. Ob der Kaffee heiß genug für sie sei, beim Griff zum Aufschnitt gesteht sie mir, dass sie den gut abgehangenen Schinken vorziehe. Eine Knäckebrotlage später fragt sie, ob ich die Eier auch hart genug hätte, dann räuspert sie sich gespielt verlegen und korrigiert: hart genug gekocht hätte. Dabei rutscht sie immer so dicht an mich heran, so dass ich mich gezwungen sehe, den Geschirrwagen als Barriere zwischen uns zu schieben. Bevor sie endlich den Rittersaal verlässt, jubelt sie mir ihre Visitenkarte unter und haucht:

»Eins müssen Sie mir unbedingt erzählen: Welches Aftershave benutzen Sie?«

Dann geht sie süffisant lächelnd davon, es sollte verführerisch aussehen. Doch wie verführerisch sieht für einen Vegetarier ein glänzendes Spanferkel mit einem polierten Apfel in der Schnauze aus? Es muss an dem Fliegenzeug liegen, das ich mir mühsam versucht habe abzuwaschen. Ich muss mich unbedingt über die Teststoffe informieren, sobald ich einen Internetzugang finde, beschließe ich. An meinem Aussehen kann die penetrante Anziehung dieser Person nicht gelegen haben. Ich kann kaum an meiner Nase vorbeisehen. In meiner Hausapotheke müsste ich noch kühlendes Gel gegen Schwellungen haben.

24

Bei Lichte betrachtet sieht die Unordnung im Hungerturm nicht nach einer systematischen Suche aus, eher nach einem unkontrollierten Ausbruch, doziert Kalle, während ich meinen Kulturbeutel nach dem Gel durchforste. Ich finde die ausgemergelte Tube und quetsche einen Rest heraus, den ich mir gleichmäßig auf dem geschwollenen Riechkolben verteile. Das tut gut. Ich bilde mir ein, dass die Nase so schnell abschwillt wie sie aufgequollen ist.

Mehr durcheinanderbringen kannst du nicht, wenn du mal einen Blick in Michaels Sachen wirfst, versucht Kalle sich in der Überredung. Keiner fasst was an, hallen die Stimmen sämtlicher Kriminalkommissare im Fernsehen in mir. Ach, egal, denk ich, in so einer Unordnung kann man nicht hausen, selbst ich nicht. Ich werde jetzt zumindest mal die Sachen zusammenräumen, die den Weg zu meinem Bett und dem Schrank zum Hindernislauf machen. Nur Klamotten, bunte T-Shirts, blaue Unterhemden, gestreifte Boxershorts und eine weit über den Knien abgeschnittene Jeans. Ich werfe alles auf das rechte Bett, dabei fallen Steine aus den Taschen der kurzen Hose. Sie kullern unters Bett und ich krieche hinterdrein. Sie gleichen denen, die ich gestern gefunden habe. Zwischen Mauerritze und Fußboden klemmt ein Briefumschlag. Ich zupfe ihn heraus. Er ist an einen Notar in Betzdorf adressiert und frankiert. Ob jemand den Brief gesucht hat? Ob Michael sich freuen würde, wenn ich ihn einwerfe? Da fällt mir ein, dass ich mein Schweißprotokoll auch noch versenden muss. Ich stecke den gefundenen Umschlag und die Steine erst mal ein. Vielleicht reicht meine Mittagspause für einen Besuch im Kiosk, um mich nach den Mineralienarten zu erkundigen. Zeit zum Essenfassen.

Spaghetti Bolognese, lecker. Die freundliche Dame an der Essensausgabe lächelt und wünscht einen guten Appetit. Ich steure den Tisch an, an welchem Jörn, Udo, Kurt und zwei mir noch nicht vorgestellte Mädchen sitzen und die Gespräche verstummen just in dem Moment, als ich mich dazusetze. Kennen Sie das? Eine echt unangenehme Situation.

»Mahlzeit«, sage ich die Formel für Bürokantinen. Die jungen Frauen nicken und lächeln. Langsam kommen mir die weiblichen Wesen hier gespenstisch vor. Sie nicken und lächeln, alle.

Udo und Kurt stehen fast gleichzeitig auf, wobei sie ihren Nachtisch, Waldmeisterwackelpeter mit Sahne, nicht mal angerührt haben. Burgherr Jörn wahrt die Etikette und versucht sich in freundlicher Konversation. Wie es so laufe am ersten Tag, will er wissen. Ganz gut, gebe ich kund. Übertrieben fröhlich ruft er ein: »Tja, dann wolln wir mal – auf zur zweiten Runde«, und verlässt ebenfalls den Tisch. Jetzt sitze ich da mit den zwei Frolleins. Die trauen sich beim Pudding dann doch mal den Mund aufzutun und ich erfahre, dass sie hier ein Praktikum absolvieren, Tina und Lisa.

»Heiner, angenehm«, stelle ich mich vor, was ein Kichern und den Aufbruch der beiden auslöst. Wie früher. Es hat sich nichts geändert. Das grüne Wackelzeug löffle ich alleine aus. Hat trotzdem geschmeckt.

Es bleibt noch Zeit für den Kiosk. Der hat natürlich noch nicht geöffnet. Schade. Gerade als ich mich abwenden will, kommt eine zierliche Gestalt aus dem Lädchen.

»Du bist der Neue, nicht wahr?«

Ich gebe vor, einen Blick auf meinen Rücken zu werfen, zeige ihr mich von hinten und frage: »Hat mir da etwa jemand ein Schild angeheftet?«

Sie muss lachen.

»Greta«, sagt sie und streckt mir freundlich die Hand entgegen.

»Heiner«, sage ich und ergreife sie.

»Komm rein«, lädt sie mich ein und ich folge ihr in den kleinen Laden, der überquillt von Dingen, die besonders Kindern das Leben verschönern und Eltern bisweilen die Laune verderben. Diese Diskrepanz mache ihr, Greta, manchmal das Geschäft schwer, erfahre ich. Mitten im Raum ist ein Wagen voller Schmucksteine. Dessen Anblick bringt mich zu dem, weswegen ich eigentlich gekommen bin. Beinahe hätte ich es nämlich vergessen, denn Greta erzählt so schön. Ich krame die Steine nebst Hosentaschenflusen aus meiner Jeans und frage sie, welche das seien. Sie schaut sich die Ausbeute an und ihr freundliches Lächeln gefriert, fast unmerklich, doch ich merke es, habe ich mich doch in den vergangenen Wochen außer mit meiner Misere auch mit Körpersprache befasst. Greta wird ein wenig steif und beugt den Kopf so tief, dass ich ihr nicht ins Gesicht schauen kann. Es ist ganz still und ich frage:

»Stimmt was nicht?«

»Woher hast du die Steine?«

»Aus meiner Hosentasche«, versuche ich die gespannte Atmosphäre zu lockern. Sie lacht, mehr aus Pflichtgefühl, denn aus vollem Herzen.

»Na, dann wollen wir mal sehen«, mit zwei schnellen Handbewegungen klemmt sie sich eine lange rot gefärbte Ponysträhne der ansonsten kurzen schwarzen Haare hinter die Ohren und greift sich anschließend einen blauen Stein aus meiner Sammlung.

»Das ist ein Chalcedon, den findet man sogar in Rheinland-Pfalz. Im Mittelalter galt er als Symbol der Macht. Also Vorsicht, überlege dir genau, wem du ihn schenkst«, sie lächelt nur mit den Mundwinkeln.

»Dieser hier«, sie greift nach einem bräunlichen Stein mit weißen Linien, »entstammt auch der Quarzgruppe und nennt sich Achat, er galt in Griechenland als Schutz gegen Gift.« Ohne mich anzuschauen nimmt sie einen farblosen Stein.

»Das weißt du bestimmt.«

»Ein Bergkristall?« Sie nickt.

»Wird seit dem Mittelalter für Kristallkugeln verwendet. – Den kennst du auch, oder?« Sie lässt den rosafarbenen Stein zurück in meine Hand gleiten.

»Rosenquarz?« Ich fühle mich wie ein Schüler bei einer Exkursion, der ständigen Wechselwirkung ausgesetzt zwischen dem Verlangen, tatsächlich sein Wissen zu erweitern und dem, die Lehramtsanwärterin näher kennen zu lernen.

»Bernstein ist auch klar, denke ich.« Ich nicke dazu.

»Wobei, wusstest du, dass dieser organische Edelstein aus fossilem Harz von Kiefern, die vor vielen Millionen Jahren gewachsen sind, stammt?«

Ich schüttle den Kopf.

»Dieser Stein gefällt mir persönlich besonders«, sie hält ein schwarz glänzendes Exemplar ins Licht der kleinen Fenster. »Es ist ein Hämatit, den man wohl auch im Lahn-Dill-Kreis finden kann.«

Ich ziehe staunend die Brauen hoch.

»Weiter gereist ist dieser Blaue hier. Er kommt wahrscheinlich aus dem Hindukusch und nennt sich heute Lapislazuli, bekannt auch als Saphir.« Jetzt schaut sie genauer. »Nein, er ist nur nachgeahmt, siehst du?«

»Was?«

»Es fehlen die kleinen Goldsprenkel, der Pyrit.«

»Ah«, sage ich, »hätte ich ja auch selbst drauf kommen können«, ich mime Entrüstung über meine Unzulänglichkeit. Jetzt lächelt ihr ganzes Gesicht.

»Das ist ein Mondstein. Er gilt als Zeichen der Liebe in manchen arabischen Ländern, heißt es«, sie schaut das weiße, bläulich irisierende Exemplar mit einem Ausdruck von Melancholie an.

»Der hier ist was besonderes«, sie hält einen grünen, glänzend polierten Stein in ihrer Hand.

»Es ist ein Malachit. Den findet man unter anderem in Russland, doch der hier könnte auch aus dem Siegerland stammen. In Herdorf auf der ›Blauen Halde‹ kann man ihn finden. Denn der Malachit kommt zum Beispiel in der Oxidationszone von Kupferlagerstätten vor ...«

»Ich bin beeindruckt«, unterbreche ich ihren Vortrag und schaue, ich gestehe es, unhöflicherweise aber gleichwohl notwendigerweise auf meine Uhr. Es entgeht ihr nicht.

»Die Pause ist um – doch diesen Stein muss ich dir unbedingt noch erläutern bevor du gehst«, sie nimmt einen der graubunten Runden, einer jener, die aus Michaels Shorts stammen und die ich unter normalen Umständen für einfache Kiesel gehalten hätte.

»Diese Steine sind von besonderer Härte und sie enthalten Arsen«, ihre Stimme senkt sich zu einem Flüstern, »daneben enthalten sie auch noch Schwefel. Umgangssprachlich nutzt man ihre Bezeichnung auch schon mal synonym für Geld«, ihre Stimme schwillt wieder an: »Her mit dem Kies!«

Macht sie sich lustig, will Kalle wissen.

»Dacht ich mir es doch«, füge ich unbeholfen zu meiner Ehrenrettung an, derweil mich meine Schwester peinlich findet, wie damals, als ich ein Mädchen, für das ich schwärmte, aufsuchte, Schwesterchen im Schlepptau, da sie die Fahrerlaubnis hatte, klingelte und sagte, ich sei gerade auf dem Weg nach Hause zufällig hier vorbeigekommen, dabei wohnte das Mädel in Netphen und ich in Burbach, rund 30 Kilometer voneinander entfernt. Eilig stecke ich die Steine wieder ein.

»Behalt ihn ruhig«, sage ich zu ihr, die den Malachit immer noch in Händen hält.

»Nein«, wehrt sie ab und streckt ihn mir entgegen, »ich habe doch genug.« Sie lächelt verlegen, ich nehme den Stein und werfe ihn lässig in den Wagen zu all den anderen Kleinoden. Ich bedanke mich für die kleine Vorlesung und wir verabschieden uns. Hinter mir schließt sie die Tür. Auf der Treppe stehend höre ich sie in den Steinen kramen.

25

Das hat doch irgendwas zu bedeuten, sinniert Kalle und reibt sich kräftig das glatte Kinn so, als massiere er dichte, drahtige Barthaare. Ach, Kalle, alles im Lot. Neben mir kommt der VW-Bus zum Stehen, wobei er eine Staubwolke aufwirbelt. Udo steigt grußlos aus, öffnet die Ladeklappe. Der noch heute Morgen von Kurt in den Transporter gewuchtete alte Koffer mit seinem stinkenden Etwas darin ist weg, doch auf dem Wagenboden ist ein dunkler Fleck.

»Kann ich was helfen?«, frage ich völlig unbedarft.

»Nix zu tun oder was?«, herrscht er mich unfreundlich an.

Ich schleich mich, treffe Jörn, der mich anweist die Bettwäscheregale aufzufüllen. Udo und Jörn wechseln einen Blick, in den man alles Mögliche hineininterpretieren könnte außer inniger Zuneigung.

Hier stimmt etwas nicht. Der Gedanke hat mich den ganzen Tag nicht losgelassen. Es ist etwas nicht in Ordnung. Nicht so, wie es sein könnte unter Kollegen, die über lange Strecken miteinander arbeiteten und dazu da sind, den Gästen eine gute Zeit zu bereiten. Misstrauen, vielleicht war es Misstrauen, der

Blickwechsel zwischen Udo und Jörn. Und wie passt Kurt in das Team? Und was war mit Gretas Verhalten in dem Moment, als sie die Steine betrachtete? Und wo ist Michael? Ja, und wo befindet sich die blaue Luca? Zwei Menschen sind unabhängig voneinander nicht da wo sie sein sollten. Kann das Zufall sein? Hat Miss Blue irgendetwas mit den Leuten hier zu tun? Ich weiß es nicht. Eigentlich habe ich nichts Greifbares, worüber ich mir Sorgen machen müsste. Um Luca will sich Alfons kümmern. Das ist definitiv nicht meine Baustelle. Michael kenne ich nicht gut genug, um überzeugend eine Suchaktion loszutreten. Was der leitende Beamte auf der Wache zu dem sagen würde, was ich meine gesehen zu haben, kann ich mir lebhaft vorstellen. Mein Erzfeind würde mich schäl angrienen und fragen, wie lange Marie schon weg ist. Maximal eine Vermisstenmeldung würde dabei rauskommen, faktisch gar nichts. Wenn ihn jemand vermisst, wird er schon aktiv werden. Also, schlaf jetzt Heiner. Die Aprilfrische der Bettwäsche, die ich heute den ganzen Tag um mich hatte, habe ich mit in den Hungerturm genommen, ebenso hat Lisa oder war es Tina, mir eine Steppdecke bezogen und mitgegeben. Nett. Vielleicht bilde ich mir nur ein, dass hier irgendwas nicht stimmt. Gleich morgen werde ich mich sammeln und alles Wesentliche zusammenfassen, wer mit wem und warum und so, gleich morgen. Aber wie, fragt Kalle. Wie was, murmelt eine leise Gegenfrage sehr schwach hinter meinen mächtig schweren Lidern, bevor sie verhallt.

26

Ein grauer, zotteliger Hund schaut mich bettelnd an. Die Zunge hängt ihm weit aus dem Hals. Sie ist rissig und trocken. Ich renne mit einem geflochtenen Brotkorb zu einem viereckigen Waschbecken, lasse Wasser hineinlaufen, welch Wunder, es bleibt drin. Doch nur für eine Weile. Bis ich den Hund erreiche ist der Korb wieder leer. Schnee fällt und ich flehe das Tier in Gedanken an: leck doch den Schnee, bevor du verdurstest. Ich kann dir nicht helfen. Er scheint zu begreifen und stupst zaghaft seine Schnauze in die weiße Pracht. Er ist sehr wacklig auf den Beinen. Ich werde wach und bin traurig. Die Art von Traurigkeit, die dann aufkeimt, wenn man an den eigenen Grenzen gescheitert ist und es schon vorher ahnte. Es ist erst vier Uhr und ich beschließe aufzustehen. Das Burgvolk schläft. Ein ruhiger Dienstagmorgen. Frierend stehe ich unter der Rotbuche. Unten im Tal fahren vereinzelt Autos über die Sieg-Freizeitstraße.

Ein lautes Dieselröhren durchschneidet die frühmorgendliche Stille. Der Bäckerwagen fährt in den äußeren Burghof und Jörn kommt herbeigelaufen, wieder frisch geföont. Brötchenkörbe werden ausgeladen. Ich beschließe mit anzupacken und nähere mich den Frühaufstehern. Mit dem Lakai rechnet niemand um diese Zeit und so werde ich Zeuge eines Wortwechsels, der mich höchstwahrscheinlich nichts angeht.

»Er hat es schon wieder getan«, sagt der Brötchenfahrer mit verhaltenem Zorn zu Jörn und fügt an: »Du musst besser auf ihn aufpassen! Das ist meine letzte Warnung. Der fliegt und mir ist es letztlich egal, ob ihr hier einen Neuen findet, der sich ebenso gut mit dem alten Gemäuer auskennt.«

Jörn ist sichtlich bestürzt und um Schadensbegrenzung bemüht. Er gibt dem Bäcker recht und verspricht, dass er ab jetzt keine Gnade mehr walten lasse.

»Guten Morgen«, grüße ich freundlich, als ich in die Lichtkegel der Wagenscheinwerfer trete. Die beiden Männer stutzen und unterbrechen kurz die Unterredung und die Arbeit, doch sie grüßen freundlich zurück. Ich schnappe mir unaufgefordert einige Körbe und frage:

»Küche?«

»Sicher«, entgegnet Jörn, nickt dem Bäcker zu, der die Schiebetür des Wagens zuknallt und abfährt.

Ich schiebe mir die Körbe zum Arbeitstisch und beginne mit den Frühstücksvorbereitungen, ähnlich der gestrigen Tätigkeiten. Jörn gesellt sich dazu und reibt sich verlegen den Nacken.

»Also, ich weiß, ich sollte dich das nicht fragen, denn du bist neu hier und hast ja im Grunde genommen mit unserem internen Kram nichts zu tun und solltest auch nicht damit belastet werden. Es geht dich ja auch nichts an«, jetzt macht er eine Pause und ich blicke ihm geradewegs ins Gesicht.

»Was du da eben mitbekommen hast betrifft einen Mitarbeiter von mir«, setzt er fort.

»Udo?«

»Ja. Hast du gestern etwas mitbekommen?« Ich blicke fragend und zucke mit den Schultern, da ich nicht weiß, worauf er hinaus will. Stochre im Nebel, fordert Kalle mich auf, bevor er dich nicht in etwas einweiht, dass ihm unangenehm zu sein scheint.

»Mir war gestern, als habe Udo etwas am Laufen, er benahm sich mir gegenüber seltsam, besonders als ich im Putzmittellager nach Handschuhen suchte.«

Jörns Aufmerksamkeit ist voll auf mich gerichtet. Seine Augenpartie sagt ›und weiter?‹.

»Also, es ist mehr so ein Gefühl, aber, na ja, ich will niemandem was, wahrscheinlich ist auch gar nichts Verdächtiges daran ...«, sichere ich mich ab.

»Sag es einfach, ich werde es schon richtig einzuschätzen wissen«, versucht Jörn meine Bedenken zu zerstreuen.

»Da war ein alter Koffer und später dann«, ich zeige auf meinen blutunterlaufenen Nasenrücken, den ein schillernder Streifen ziert, »war da kein Koffer mehr aus dem es streng roch. Doch vielleicht kann Kurt mehr dazu sagen.«

Jörn nickt. »Danke. Dieses Gespräch hat nie stattgefunden.«

Bevor Jörn sich davon machen kann, stoppe ich ihn:

»Wer war das vorhin?«

»Das war der Bäckermeister, der ist hier auch gleichzeitig Bürgermeister und passionierter Jäger. Jetzt willst du bestimmt wissen, was er mit uns zu tun hat.«

Ich gucke aufmerksam und wissensdurstig, mein Blick ruht auf Jörns Nasenwurzel.

»Unser Bäckerbürgermeister hat Udo beim Wildern erwischt. Schon zum dritten Mal.«

Ich schaue überrascht.

»Wildschweine.«

Ich lache erleichtert auf und Jörn guckt verdutzt: »Ja, Wildschweine. Im Frühjahr und Herbst verwüsten ganze Heerscharen die Gärten auf der Suche nach eiweißreicher Kost. Niemand fühlt sich verantwortlich für die Schäden der privaten Haushalte. Das Land und die Förster nicht, die Pächter nicht und der Bürgermeister schon mal gar nicht. Die Jagd in der Nähe von Wohnsiedlungen ist untersagt. Tja und Udo, der darf sich eben nicht mit Blattschüssen des Problems annehmen. Was hast du denn gedacht?«

»Auch auf die Gefahr hin mich lächerlich zu machen ...«, ich setze jetzt alles auf eine Karte, »na ja, Michael ist verschwunden und da war ein roter Turnschuh und Udos seltsames Verhalten ...«

Jetzt muss Jörn auch lachen: »Er ist zwar ein Jäger und wohl ein Wilderer, aber doch kein Mörder.«

Ob die Angehörigen der Rotte des toten Schwarzkittels das genauso sehen?

»Um Michael mach dir mal keine Sorgen, der verschwindet häufiger ohne ein Wort. Vielleicht ist er bei Greta oder einer anderen schönen Maid.«

»Moin. Ne, was seid ihr gut gelaunt. Gibt's einen Grund?«, will Kurt beim Hereinkommen wissen.

»Wir haben uns gerade über deinen Bart unterhalten und uns gefragt, wann du ihn für uns mal offen trägst.« Jörn blickt mit tierischem Ernst und wendet sich zum Gehen.

»Spakken«, murrt Kurt hinter ihm drein und zu mir

gewandt: »Erinnere mich daran, dass ich dem Hänfling was in den Kaffee mixe. Apropos, ich zeig dir jetzt mal, wie die Maschine funktioniert.«

Ich erfahre die Details und dass man für die derzeitigen Gäste einer Herzsportgruppe, die die Zimmer im Wildgehege belegen, ein bisschen weniger Pulver brauche.

Als nächstes soll ich Pflaumen entsteinen. Kurt reicht mir drei Schüsseln aufgetauter Früchte und ein Messer. In der Zeitung, die ich auf dem Tisch für die Kerne ausbreite, steht ein Artikel, der meine Aufmerksamkeit auf sich lenkt. Es geht um Duftstoffe und ihre Wirkweise. Pheromone, lese ich, sind chemische Substanzen, die von einem Tier ausgeschieden werden, um damit ein anderes Tier der gleichen Art zu beeinflussen. Aha. Wozu, ist die Frage. Es geht um Sex. Autsch, jetzt habe ich mich geschnitten. Ein hellrotes Bluttröpfchen vermischt sich mit dem dunklen Pflaumensaft. Ich habe mich nur angeritzt. Weiter im Text. Ohne Pheromone ist tote Hose bei einigen Tieren. Hamsterweibchen locken in der Zeit des Eisprungs mit einem Sekret aus ihrem Geschlechtsorgan – Kalle, hör nicht hin – die Männchen an. Schnüffelt der Hamstermann dann noch das Kopulationshormon Aphrodisin, geht's ab bei Hamsters. Verflixt, ist das Steinobst glitschig. Wenn ich nicht aufpasse, liegt die Hälfte gleich unterm Tisch. Der Hamstermann schüttet also ein Pheromon aus, dass beim Weibchen eine Duldungsstarre auslöst. Ganz schön clever der Kerl. Ich muss an die Fliegen denken. Heute habe ich den Test wieder vergessen. Manche Versuche ließen den Schluss zu, dass die Lockstoffe der Tierwelt unter bestimmten Bedingungen Wirkungen auf bestimmte Menschen haben. Frauen an ihren fruchtbaren Tagen. So genau wollte ich das gar nicht wissen. Jetzt ist die Zeitungsseite voll saftigem Abfall, die erste Schüssel Pflaumen ist entkernt.

Pünktlich zur Kaffeepause bin ich mit dem Steinobst fertig. Meine Finger sind dunkelrot verfärbt und schrumplig vom Saft. Ganz schön klebrig das Zeug. Der Gedanke bringt mich zurück zum klebrigen Duft des Fliegentods.

Ich werde die Pause nutzen, um den Test für heute noch anzubringen. Doch frage ich mich beim Händewaschen, welcher Art die Haupt- und Nebenwirkungen der Essenzen auf mich und mein näheres Umfeld sein könnten. Auf dem Weg zum Hungerturm ruft mir Jörn noch zu, dass ich direkt nach der Pause die Fenster der Zimmer im Vogeltrakt putzen müsse. Kurzfristig habe sich eine Kuschelseminar-Gruppe angekündigt. Ich nicke im Gehen, registriere erst vor der Turmtür, für wessen klare Sicht ich sorgen soll und schmunzle still vor mich hin. Auf der dritten Stufe zum Turmeingang höre ich ein Rumoren aus dem kargen Rund. Ein Eimer scheppert. Irgendetwas veranlasst mich, jetzt nicht durch die Tür zu gehen, sondern in Deckung, um zu sehen, wer da wütet. Geräuschlos husche ich die Stufen wieder hinab und drücke mich in den engen Winkel unter der Steintreppe an die Mauer. Feigling, motzt Kalle. Nix da, Stratege, entgegne ich, erst mal abwarten und das Gefahrenpotenzial der Person abschätzen, die dort etwas zu suchen scheint. Ich muss nicht lange warten, die Tür geht auf und Greta rennt die Stufen hinunter. Gerade als ich mich aus der Deckung begeben und sie konfrontieren will, sehe ich eine Lady in Blue den äußeren Burghof betreten. Luca, das Früchtchen, stapft mit weit ausladenden Schritten auf Greta zu. Die beiden sind so mit sich selbst beschäftigt, dass ich die Gelegenheit nutze und mich aus der Treppendeckung wage und mich vor dem Turm zwischen einen Baumstamm und die dicke Außenmauer drücke. So kann ich sie besser beobachten, sie aber mich nicht. Puh, das war keine gute Entscheidung. An meinem neuen Standort haben sich seit der Burgübernahme durch derer von Sayn Hundertschaften männlicher Sprosse aus dem Geschlecht des Grafen Heinrich IV. erleichtert und besitzergreifend ihre Reviergrenzen markiert. Ich fall in Ohnmacht! Reiß dich zusammen, schnauzt Marie, genau wie damals, nachdem sie mich mit dem Renault angefahren hatte und ich zwischen Hauswand und Stoßstange schreiend zwei Miniskusoperationen auf mich zukommen sah. Weiber! Dass Marie links und rechts nicht unterscheiden konnte, fand ich ja teilweise noch niedlich, doch bei der Verwechslung von vorwärts und rückwärts hört der Spaß auf. Ich kämpfe gegen die aufsteigenden Tränen der durch Harnsäure verseuchten Luft. Ich sehe Arme rudern, höre Wortfetzen vorbeiwehen, die ich nicht verstehe, sehe Köpfe wütend schütteln und Schultern vorwurfsvoll zucken, vernehme einen deftigen Fluch und eine rüde Beschimpfung. Dämliche Kuh ist noch das harmloseste aus Lucas Mund. Die Kuh holt aus und eine schallende Ohrfeige höre ich als nächstes. Greta stapft eilig davon, Luca hält sich die Backe und rennt in die andere Richtung, in meine. Jetzt wäre ich gern ein Chamäleon, denn wenn Luca nur ein bisschen umsichtig ist, muss sie mich hier sehen können. Doch ich habe Glück, sie erstürmt die Treppe zum Hungerturm, den Blick geradeaus und, ich ahne es, von Tränen verschleiert, knallt sie die Tür hinter sich zu. So, jetzt hab ich dich! Ich springe die Treppe hinauf, mir entgegen schnellt die Holztür, die nach außen aufgeht und auf halbem Wege treffen wir uns. Im Tür-vor-den-Bug-Kriegen bin ich nun schon so was wie ein Profi, daher gerate ich nur kurz ins Straucheln. Der Überraschungseffekt ist zudem auf meiner Seite, denn Luca hat nicht mit mir gerechnet. So kann ich sie überrumpeln und ins Innere des Turms drängen. Stolpernd landen wir auf meinem Bett.

»Super«, keucht sie unter mir hervor. Finde ich auch, gluckst Kalle.

»Geh runter!«

»Ne, ich lieg grad so bequem«, entgegne ich. »Hast du eigentlich eine Ahnung, wie viel Ärger du mir und Alfons bereitest?«

»Verpiss dich«, jappst sie unter mir hervor. Ich richte mich auf, bleibe aber beharrlich auf ihr hocken und halte sie fest.

»Was für ein Film läuft hier?«, will ich wissen.

»Geht dich nichts an. Besser für dich.«

»Ich kann selbst für mich entscheiden, da brauch ich keine blaue Göre mit rotem Fünffingerabdruck auf der Backe ...«

Es klopft an die Tür. Wir verstummen und horchen.

»Alles in Ordnung?«, ruft es von draußen rein. Es ist die Stimme von Kurt.

»Klar«, rufe ich zurück. »Ich komme sofort.«

»Wird auch Zeit. Die Kuschler kommen in einer Stunde.«

»Spakken, alles Spakken«, nölt Kurt noch im Weggehen. Ich beschließe, das auf die Kuschler zu beziehen und nicht persönlich zu nehmen. Und wo ich gerade so entschlussfreudig bin, kommandiere ich: »Du kommst mit. Fenster putzen. Wäre ja eh dein Job. Dabei kannst du mir dann in aller Ruhe erzählen, was du in Michaels Sachen zu suchen hattest.«

»Gar nix werd' ich«, mault das blaue Ding. Doch sie hat keine Chance. Ich schleife sie mit eisernem Griff aus dem Turm, über den Hof, hinein in den Raum mit den Putzutensilien. Eimer, Lappen, Ledertuch und Fensterklar drücke ich ihr in die manikürten Hände.

»Passt doch prima zu dir«, sage ich lächelnd und tippe mit dem Finger auf die blaue Reinigungsflüssigkeit.

»Ab«, dirigiere ich sie knapp durch die Burg, die Treppen hinauf bis in den Vogeltrakt. Immer, wenn sie einen suchenden Blick nach hinten wirft, sieht sie nicht mehr als meine eisblauen Augen. Mit meinem Atem im Nacken unternimmt sie keinen Fluchtversuch. Auch dann nicht, als eine jugendliche Fußballmannschaft an uns vorüber stürmt. Wir sind am Ziel im Vogelflur, Zimmer Spatzennest und sie ist tatsächlich mit mir in einem Raum. Sie ist nicht entwischt und mir ist es gelungen das flatterhafte Wesen einzufangen. Meine herrische, keinen Widerspruch duldende Art hat mich selbst überrascht. Alte Schule. Ich glaube, meine Mutter hat eben aus mir herausgekeift. ›Ab und vor mir her‹, so hat sie mich durch die halbe Kindheit geschoben, in den Kindergarten, die Sonntagsschule, die Krippenspiele, den Flöten- und Konfirmandenunterricht. Später hat sie den Stab an Marie weitergereicht, die mich dann vor den Tisch des Standesbeamten schob. Stopp, sage ich mir, selbst dran Schuld ... zum Teil. Kalle wird ungeduldig, los, nun quetsch die Wahrheit aus ihr raus, erinnert er mich. Aufgerichtet und so breitflächig wie möglich, stelle ich mir vor, gehe ich einen Schritt auf Luca zu.

»Versuchs erst gar nicht.« Luca ist wohl wieder obenauf. Was denkt die von mir?

»Ich will wissen, wo du gewesen bist und was du heimlich im Turm zu suchen hattest«, bleibe ich unbeirrt, drehe mich ein wenig von ihr weg zum Fenster hin und klatsche das Leder gegen die Scheibe.

Luca scheint nachzudenken, während sie mit dem Lappen im Putzwasser spielt und damit kleine Kreise zieht.

»Ich war hier mit jemandem verabredet.«

»Ja, mit dem Burgherrn und mir und zwar zum Arbeiten.« Jetzt versau's nicht, mahnt Kalle. Recht hat er und ich tue mal so, als wüsste ich was:

»Michael, nicht wahr?« Sie nickt und blickt dabei ein wenig traurig. Ich öffne das Fenster, welches ich gerade bearbeite und von draußen klingt ein sattes Motorengeräusch zu uns hinauf. Das habe ich doch schon mal gehört. 220 Pferde, der Mustang. Von hier kann ich nicht auf den Parkplatz vorm Tor schauen. Doch ich könnte wetten, dass der Sound zu dem

Mustang gehört. Luca hat es auch vernommen und entfernt sich von der Fensterfront. Unten erstirbt der 302er Motor, vorausgesetzt, der Oldtimer hat noch den Original F-Code Motor mit Automatikgetriebe. Der Wagen steht jetzt wahrscheinlich auf dem Parkplatz. Luca schiebt sich langsam an der Wand lang in Richtung Ausgang. Wenn ich meinen Blue-Babysitter-Job hier gut machen will, wäre es besser ihr Vertrauen zu gewinnen. Also schlag ich mich auf ihre Seite.

»In den Schrank«, weise ich sie an. Welch Überraschung, sie gehorcht, steigt in den Schrank, ich schließe ab und stecke den Schlüssel ein. So, die wäre hier erst mal sicher aufgehoben. Was genau hast du jetzt vor, will Kalle wissen. Das weiß ich nun leider auch noch nicht präzise. Am besten, ich setze auf die Idioten-Nummer. Das liegt mir bekanntermaßen. Blöd stellen. Falls ich den Männern über den Weg laufen sollte, werde ich einen verwirrten Greis mimen. Ich nehme das Rosapuschelteil aus meinem Haar, verstrubble mich ein wenig, kontrolliere meine Erscheinung in der Spiegelung eines Wildentenbildes und stelle fest: passt. Ein dümmlich naives Grinsen zur rechten Zeit hat mir schon aus mancher Klemme geholfen, bis auf ein paar Ausnahmen, na, vielleicht waren es auch mehr als ein paar.

27

Ich haste durch das Treppenhaus nach unten. Gerade sehe ich noch die zwei Typen zum Büro der Herbergsleitung abbiegen. Die Figur des einen Mannes erinnert mich an jemanden. Wo habe ich den schon mal gesehen?

Hoffentlich ist weder Jörn noch die Halbtagssekretärin da. Wenn jemand etwas davon wissen sollte, dass Luca vorhatte hier zu arbeiten, dann höchstens die beiden. Die Glastür fällt ins Schloss. Das Büro ist also offen. Vorsichtig pirsche ich mich ran. Den Stimmen entnehme ich, dass Tina, oder ist es Lisa, da ist und den Kerlen eine Auskunft erteilt. Nein, es wären keine Zimmer mehr frei, nein, auch Personal wäre genug da, nein, eine blaue Frau wäre nicht hier, das wäre ihr aufgefallen. Klar, wenn sich etwas ändere an der Zimmerbelegung, würde sie sie gerne informieren. Einer der Kerle sagt eine Handynummer. Sie könnten es in der Pension zum Giebelwald probieren, sagt das Mädchen noch, bevor sich die Tür wieder öffnet und die Mustang-Männer in den Flur treten. Im Schein einer Neonröhre sehe ich, der ich mich hinter einem Regal mit sauberer Bettwäsche verberge, deutlich ihre derben Gesichter, deren Züge Geschichten von Entbehrung, Härte, tiefer Traurigkeit und gut 20 Jahren Drogenkonsum erzählen. Die Hengste sind mit Sicherheit zehn Jahre jünger als ich, haben aber mit der gleichen Sicherheit schon zehn Mal öfter aus der Jauchegrube getrunken. Da fällt mir ein, dass ich meinen Dufttest immer noch nicht angebracht habe für heute. Ist vielleicht auch besser so. Eine wie auch immer entartete Duftwolke würde mich sicher verraten. Im welligen Glas einer Fotografie an der Wand gegenüber spiegle ich mich länglich verzerrt. Der eine von den Kerlen aus dem Mustang könnte der Schlaks gewesen sein, den Alfons vom Hof geschüttelt hat. Konzentriert versuche ich, mir das Bild der Szene ins Gedächtnis zurückzurufen, komme aber zu keinem klaren Ergebnis.

Solange Luca im Schrank hockt, kann sie nichts anstellen. Ich muss mich eh hier verdrücken, bevor die beiden mich doch noch entdecken. Also husche ich hurtig zum Hauptausgang, flitze durch die Höfe Richtung Turm. Dabei mache ich noch einen schnellen Abstecher zum Parkplatz, um mir den Wagen etwas genauer anzusehen. Vielleicht ist er ja offen. Autos verraten viel über ihre Besitzer. Ich hatte da mal so einen gelackten, beinahe knitterfreien Chef, dessen Auto war ein Müllplatz. Im Fußraum der Beifahrerseite lagen Zeugen seiner Singleernährung. Apfelkrutzen, Bananenschalen, Coladosen, McDonalds-Schachteln, Müsliriegel, Kümmerling. Die Rückbank war sein Kleiderschrank, in dem selbst im Sommer Norweger lagen, von der Mama gestrickt. Als am Wunderlichsten habe ich in dem Sammelsurium eine Wärmelampe empfunden. Der Mustang jedenfalls ist sauber. Wie frisch von der

Autovermietung. Der Wagen ist bestimmt gepimpt. Er hat sogar GPS mit einem, nein, zwei Monitoren, einer vorn und einer hinten. Das Interieur ist wahrscheinlich sogar originalgetreu nachempfunden. Die Sitze sind mit elegantem neuem, tanngrünem Leder mit hellen Nähten bezogen, der Fußraum ist mit einem beigen Teppich ausgeschlagen und das Lenkrad ziert dunkelgrüner Velours. Die Mittelkonsole beherbergt einen CD-Player mit Wechsler. Dass hier Menschen drin waren, ist lediglich an einer leeren Milchschnittenverpackung auf der Rücksitzbank zu erkennen.

Ich meine etwas wie Hufgetrappel zu hören. Es sind die zwei Männer, die mit ihren chicen Schuhen über das Pflaster klappern. Sie nähern sich dem Mustang und ich entschließe mich, einen Satz über den desolaten Zaun zu tun und mich im Burggraben zu versenken, der schon lange kein Wasser mehr führt. Am Wagen unterhalten sie sich kurz. Mist, ich verstehe kein Wort, die reden französisch. Die Sprache habe ich schon in der Schule gehasst, oder war es mehr der Unterricht oder gar die Unterrichtende, die alle Namen meinte französisch aussprechen zu müssen. Versuchen Sie das mal mit Heiner. Grausam. Kein Wunder, dass ich ratzfatz von einer Drei auf eine Sechs gekommen bin. Jetzt gäbe ich was drum, die Kerle verstehen zu können. Außer ›blö‹ kann ich nichts zuordnen, doch es scheint gewiss, dass sie damit Luca meinen. Dann schnappe ich noch den Namen Michelle auf und etwas, das ich mit Nacht übersetze. Die beiden steigen ein und verlassen den Parkplatz. Doch sie werden wiederkommen, dessen bin ich sicher.

28

Frisch eingestänkert und die Haare wieder mit Annegrets rosa Puschelband zusammen gebunden, erklimme ich die Stufen zur Vogeletage. Diesmal riecht der zu testende Duftstoff sogar angenehm herb. Fast so wie das Deo, das ich benutze. Für den aktiven Mann. Als ich den Schrank aufschließe, kippt Luca mir entgegen. Sie schläft. Kurz überlege ich, sie zu wecken, doch dann wird das Gezeter wieder losgehen. Ich schiebe sie in den Schrank zurück, knuffe ihr ein Kissen unter den Kopf. Guts Nächtle. Jetzt kann ich in aller Ruhe die Fenster des Wolkenkuckucksheims, des Adlerhorsts und der anderen Volieren und Vogelnester zu Ende putzen. Das Einzige, was die Scheiben nach meiner Behandlung von vorher unterscheidet, sind die gleichmäßigen Streifen. Ich kann es einfach nicht. Kaum ist das Putzwasser im Abguss des Etagenklos, kommen auch schon die neuen Gäste. Jörn führt den Leiter des Kuschelseminars herum und ich stoße beinahe mit ihm vor der Toilettentür zusammen. Niemals zuvor hat mich ein Mann derart angelächelt, der ich mit einer Klobürste in der Rechten vor ihm stehe.

»Na hoppalla und hallöchen«, flötet mein Gegenüber und streckt mir sein Händchen entgegen mit einer Geste, die in Königshäusern beeindrucken würde. Ich bin völlig geschockt und sage gar nichts, stelle lediglich die Bürste an ihren Platz

Jörn stellt mich vor: »Das ist Heiner. An ihn können Sie sich auch wenden, wenn Sie irgendwelche Wünsche haben. Er ist zwar noch neu hier aber sehr willens ...« Bei diesen Worten grinst Jörn dermaßen dämlich, dass es peinlich wird.

»Ich bin Sven«, sagt der Kuschelseminarleiter.

»Tach«, sage ich knapp und drücke mich an den beiden Männern vorüber.

Es muss an diesem kernig, herben Duftstoff liegen ... oder am Zopfband.

Der erste Schwung Kuschel-Teilnehmer verteilt sich gerade auf die Zimmer und ich muss mich sputen, Luca aus dem Schrank zu holen. Vom Flurende höre ich schon einen spitzen Schrei, als hätte jemand ein Gespenst gesehen. Da rennt es auch schon. Luca flitzt aus dem Spatzennest und hinterdrein ein Kerl, der mich irgendwie an Dirk Bach erinnert. Korrigiere, beim Nähertreten entpuppt sich der Mann als Frau. Wie konnte ich das lange Gewand unberücksichtigt lassen bei meiner ersten Einschätzung? Ich entschuldige mich wortreich und kann sie beruhigen. Die Blaue gehöre zu einer Laientheatergruppe von Heimkindern, die gerade abreise und ihr hätte es offensichtlich so gut bei uns gefallen, dass sie nicht mit nach Hause wolle. Die leicht bärtige Madame lässt sich von mir einlullen, wird sogar recht freundlich und lädt mich für den heutigen Abend zur Kuschelstunde ein, sie sei die Assistentin. »Wenn ich Zeit habe, sicher, gerne«, verabschiede ich mich. Mein Geruch scheint zu verzaubern. Von dieser Duftnote unter meinen Achseln bestelle ich einen ganzen Kanister, das muss doch möglich sein!

Luca wird natürlich jetzt über alle Rothaargebirgszüge sein und ich bin so schlau wie zuvor. Ich sollte unbedingt ein klärendes Gespräch mit Alfons herbeiführen. Gleich heute Abend werde ich ihn anrufen. Vielleicht doch die Polizei einschalten? Das fragt der Advokat kleinlaut in mir. Sobald sich das Bild von dem Deppen auf der Dienststelle – mit Uniform sieht mein einstiger Schulfeind auch nicht schlauer aus – in mir scharf gestellt hat, kann ich die Frage selbst beantworten. Außerdem habe ich immer noch keine konkreten Beweise, dass hier Verbrecherisches vor sich geht.

Der Tag haut mich um. Ich bin fix und fertig. Was ich alles für die Kuschelmonster rumgeschleppt habe, um den wunderbar erhaben gelegenen Raum Luginsland hübsch höhlenartig und doch bequem auszustaffieren: fünf mit Bärenfell bezogene Sitzsäcke, drei getigerte Riesenplüschhocker und zwei weiße Flokati. Jetzt ist Feierabend. Gegen Mittag habe ich in der Küche geholfen, zig Eier für Pfannkuchen aufgeschlagen und eifrig in köchelnden Blaubeeren gerührt, wenn es doch wenigstens Rotbeeren gewesen wären. Während das Personal gegessen hat, war ich schon satt vom Reinigen des Rittersaals, nachdem die Kinder mit den Blaubeeren fertig waren. Den Pflaumenkuchen habe ich auch verpasst, was nicht weiter schlimm war. Ich finde ein einsames Brotende auf der Arbeitsfläche und einen Rest Leberwurst im Kühlschrank. Bisschen trocken, aber nicht übel. Besser als verhungern. Was ich nun noch brauche ist ein kühles Bier, ein Telefon und wenn's geht noch einen Internetanschluss. Eine Unzahl Fragen quälen meinen Geist, wobei mein Körper sich gerne niederlegen und in den seelenruhigen Schlaf des Vergessens gleiten würde.

Im Burgcafé sitzt bereits ein einsamer Gast. Kurt. Leeren Blickes schaut er in die Untiefen seines ebenso leeren Bierglases, als handele es sich um die Weiten seiner heimatlichen Nordsee, einzig begrenzt durch die Erdkrümmung, die den Himmel ins Meer fallen lässt. Ich zögere, mich an seinen Tisch zu setzen und die Elfe gibt mir mit einem sachten Kopfschütteln und einer einladenden Geste den Wink, mich an den vordersten Tisch zu setzen und Kurt seiner Stimmung zu überlassen. Okay, sie wird es wissen. Ich lasse mich erschöpft auf einem knarrenden Stuhl nieder und ziehe zuvor das Kissen unter meinem Allerwertesten weg. Eine Macke von mir. Die Vorstellung, dass ein Gast zuvor seine Darmwinde dort hinein konserviert hat, ist mir unerträglich, daher sitze ich lieber auf blankem Holz.

»Ein Bier bitte.«

29

So, Heiner, jetzt denk mal scharf nach, spornt Kalle mich an, endlich meinem Vorsatz vom gestrigen Abend der Gedanken- und Faktensammelei nachzukommen. Wer hat hier was mit wem und warum, und wieso herrscht hier so eine gereizte Stimmung zwischen den Leuten? Du brauchst ein Pinboard, schlägt Kalle vor, so eine große Tafel, wie man sie in den Filmen sieht, wo sich Sonderkommissionen einen Weg zum Massenmörder zu bahnen versuchen, indem sie die Opfer mit Zeittafel und Örtlichkeit in Beziehung zueinander setzen. Kalle, hier geht es nicht um Massenmord, wir haben ja noch nicht mal eine Leiche. Warum fordert der kleine Detektiv nicht gleich eine Profiling via Powerpoint-Präsentation? Die gab es noch nicht zu Astrid Lindgrens Blomquist-Zeiten, gebe ich mir selbst die Antwort. Wo ich schon mal dabei bin Antworten zu finden, könnte ich tatsächlich damit anfangen, die Personen miteinander in Beziehung zu setzen.

»Hallo, bitte ein Bier, ja?«

Es heißt landläufig, ein Fisch beginne immer vom Kopf an zu stinken, daher beginne ich die neuen Leute, denen ich hier begegnet bin, vom Burgherrn an abwärts der Hierarchieleiter zu beschreiben. Da wäre

Jörn Jäger, der smarte Typ mit seinen edlen Händen und teilweise gekürzten Fingern, seiner vollen Stimme und seiner halben Portion, gemessen an Kurt. Auffällig wäre Jörns Fönwelle und seine Ähnlichkeit mit Günter Netzer, nein, der Gedankengang bringt mich nicht weiter. Anders – Jörn ist mit dem Bürgerbäckermeister auf Du und Du und hat Probleme mit Udo, dem Kirmesmensch. Dann kennt Jörn den Alfons. Zu Letzterem komme ich später. Heiner, worum geht es denn jetzt überhaupt, will Kalle an der Lippe knibbelnd wissen. Es geht darum zu begreifen, was hier vor sich geht in Bezug auf das angenommene Verschwinden Michaels und die Verfolger Lucas, weiter geht es um den ominösen Inhalt des alten Koffers, wer weiß, was die Burgler so unter Wildschwein verstehen und ja, und letzten Endes geht es auch darum, wie ich meine gestellten Aufgaben ›Aushilfslakai und Aufpasser‹ bestehen und als Hausmeister der Behindertenwerkstatt aus der Prüfung hervorgehen soll. Stopp, bremst Kalle, das steht doch jetzt auf einem ganz anderen Blatt. Sicher, doch auch diese Karte ist mit im Spiel. Wenn es mir nicht gelingt auf die blaue, kleine Lady zu achten, wie soll ich dann einen verantwortlichen Posten in einer Einrichtung mit vollständig Entmündigten bekommen? Aha, raunt Kalle, wobei er kein Wort verstanden hat.

»Hallo – Sie denken an mein Bier, ja?«

Also, noch mal: Jörn. Nee, ich glaube nicht, dass der in irgendetwas verstrickt ist. Lass uns mit Udo weitermachen, der scheint interessanter zu sein. Der hat auf jeden Fall Dreck am Stecken. Wilderer oder Mörder, das ist hier die Frage. Ich sollte unbedingt mit Kurt reden. Kurt, der hat seine eigenen Probleme, entnehme ich einerseits seinem leiblichen Schutzwall und andererseits seiner Trauermine, die er immer dann hat, wenn die Elfe an ihm vorüber schwebt. Der ist unglücklich verliebt, wage ich eine Mutmaßung. Jetzt setzt sie sich zu ihm, da will ich mit meinem Durst nicht stören und gedulde mich. Betrachten wir das Dreigestirn Greta, Michael und Luca. Da sind deutliche Spannungen wahrzunehmen, letztlich sichtbar als schlagkräftiger Abdruck von Gretas Hand auf Lucas Backe. Michael hat möglicherweise mit beiden Damen ein Verhältnis, wobei Greta die Sache deutlich ernster zu nehmen scheint als die beiden anderen. Das ist doch jetzt alles von dir frei interpretiert, hakt Kalle ein. So was sehe ich, davon verstehst du nichts, bringe ich den Zweifler zum Schweigen. Michael wollte sich gar hier niederlassen. Das wäre doch noch ein Ansatzpunkt. Ich muss das von Michael ins Auge gefasste Häuschen finden. Wer weiß, er hatte doch auch so eine Andeutung gemacht. Mir schwant da was, aber ich bekomme es nicht zu fassen. Vielleicht verbirgt sich die blaue Luca in dem Haus. Luca, die kann ich noch gar nicht einschätzen, dazu fehlen mir Erfahrungen mit der Personengruppe jugendlicher, weiblicher Straftäter. Was mich in direkter Linie zum Exbewährungshelfer und nun Behindertenschreinereileiter Alfons bringt, dem ich die Sache irgendwie zu verdanken habe. Sein Engagement für das Mädchen hat mich überrascht und dann war er in der letzten Zeit sehr nervös, was auch nicht seine Art ist, und er hat seine Büsche und Bonsais vernachlässigt. Das macht drei Änderungen in seinem Verhalten innerhalb kürzester

Zeit. Mir fällt wieder die Szene mit dem unbekannten Schlaks und Alfons ein, der selbigen vom Hof der Werkstatt warf.

Was habe ich einen Durst!

30

Du hast Udo und Michael vergessen, bemerkt Kalle, der meint gehört zu haben, dass die Stimmen beider ein konspiratives Geflüster im Transporter abgehalten haben, als ich mich Sonntagabend dort umsah. Tina, Lisa und die Elfe wären auch noch zu betrachten, wobei ich glaube, dass sie keine Rolle spielen. Tina und Lisa, die ich immer verwechsle, ich sollte beide der Einfachheit Tisa nennen oder besser Lina? Die elfengleiche Cafébesitzerin erhebt sich, legt Kurt die Hand auf die Schulter und geht an mir vorüber hinter den Tresen.

»Bitte, kann ich jetzt ein Bier bekommen?«

Ich bin mal wieder viel zu unterwürfig und das auch noch beim Verdursten. Sie lächelt ihr Lächeln, schaltet einen kleinen Fernsehapparat an und beugt sich in den Kühlschrank. Na endlich. Vor mir steht eine kühle Flasche Bier und beschlägt leicht, daneben ein kristallklares Glas, allein es mangelt an einem Öffner, den hat die Dame wohl vergessen. Früher habe ich Flaschen mit den Zähnen geöffnet. Die Aufmerksamkeit ins Auge gefasster weiblicher Wesen war exakt so lange auf meiner Seite, wie der Bierverschluss zwischen meinen Lippen hing. Ich könnte auch den Kronenkorken über die Tischkante hinweg aufschlagen, doch das bekäme dem Holzmöbel nicht. Auf dem Tresen entdecke ich ein Feuerzeug, das tut es auch. Als ich mich gerade aus dem Sitzen dorthin beuge, erzählt die Nachrichtensprecherin im leise gedrehten Fernseher etwas von einem toten Walfänger. Wildschweine und Wale – geht es mir durch den Kopf. Der Bericht interessiert mich. Ich verharre in der unbequemen Haltung, um weiter zuhören zu können. Die Identität des Mannes, der vor der Küste in der Nähe von Kiel harpuniert aufgefunden worden ist, konnte teilweise geklärt werden, man warte noch auf eine offizielle Bestätigung der ausländischen Behörden. Es handle sich wahrscheinlich um den Kapitän eines jetzt als verschollen geltenden illegalen Walfängers, der unter chilenischer Flagge segle. Der Tote sei aus Singapur, habe aber einen gefälschten japanischen Pass. Greenpeace-Aktivisten gingen davon aus, dass der Walfänger in japanischem Auftrag unterwegs sei und mutmaßen, dass die Pottwalpiraten das Schiff gar versenkt haben könnten, um dem Gesetz zu entgehen. Das alles rückt die Sprecherin ins Licht der reinen Spekulation und fügt an, dass in dem Zusammenhang zwei Männer mit einem auffallenden amerikanischen Wagen als Zeugen gesucht und gebeten werden sich zu melden. Die Männer seien mittleren Alters, europäischer Herkunft und könnten wichtige Hinweise zur Tat geben, da sie sich vermutlich in der unmittelbaren Nähe des Fundorts der Leiche aufgehalten haben. Und jetzt schalten wir zu Peter Nidetzky, schnarrt Kalle aus einer alten Folge von Aktenzeichen XY. Der Satz hätte auch gut aus Billes Repertoire stammen können. Ob Annegret sich noch um die Katzen kümmert? Ich muss an ihr Versteck denken und dabei fallen mir auch die Steine wieder ein, von denen sie sagt, die hätte Alfons verloren. Da gibt es doch bestimmt auch noch eine Verbindung. Vergiss die Kerle im Mustang nicht, ich fress' einen Besen, wenn die Fernsehfrau nicht eben von unseren Verfolgern gesprochen hat. Ist gut, Kalle, kann alles sein, doch ich bin allein – mit einer immer noch geschlossenen Flasche Bier. Immer schön der Reihe nach. Hebel ansetzen und plopp, der Kronenkorken saust quer durch das Café und landet exakt auf Kurts Hinterkopf. Zum Glück hat das Geschoss auf seiner langen Flugbahn seine Geschwindigkeit zum Ende hin verlangsamt und prallt nur sachte auf. Das war jetzt keine Vertrauen schaffende Maßnahme, besserwissert der Advokat irgendwo aus meinen Hirnrinden.

»Tut mir leid, sorry«, entschuldige ich mich zerknirscht. Kurt dreht sich noch nicht mal um, entfernt den Korken aus seinem Kragen, presst ihn zwischen Zeigefinger und Daumen zu einem Minitorpedo und schnippt ihn über die Schulter zu mir zurück. Ich kann mich gerade noch aus der Schussbahn bringen.

»Tut mir leid, dass ich nicht getroffen hab«, brummt der Burgkoch, der zu grinsen scheint, wenn ich die Reflexion auf dem Elfengesicht richtig deute. Wie sie wohl ausschaut, wenn sie zornig ist?

Jetzt brauchst du aber anwaltlichen Rat, mischt sich hier eine versnobt klingende Stimme ein. Wozu, ich will Kurt nicht anzeigen, er hat ja nicht getroffen. Papperlapapp, sagt der Advokat, du musst die Polizei einschalten. Ganz egal, ob in der Dienststelle deiner Meinung nach ein Armleuchter sitzt. Quatsch, entgegne ich, der ich immer noch keine Beweise für irgendein Verbrechen habe, nicht mal ne Blutspur. Mir fällt nämlich ein, dass Udo heute Mittag mit einem Hochdruckreiniger im Innenraum des Transporters hantiert hat. So sauber kann er den Wagen nicht bekommen haben, als dass ein gutes Labor nicht noch Reste von Blut findet, murrt der Advokat. Wir sind hier nicht bei den Medical Detectives in New York, rufe ich dem Landanwalt ins Gedächtnis, der zu viel ferngesehen zu haben scheint. Außerdem brauch ich jetzt keinen trockenen Rat, sondern einen kühlen Schluck. Hei, tut das Bier gut. Ob ich wohl noch eines haben könnte? Ich winke mit der leeren Flasche und die Cafébetreiberin suggeriert mir mit einer ausladenden Handbewegung in Richtung Kühlschrank, dass ich mich gerne selbst bedienen kann. Das wäre geklärt, doch wie frage ich gestikulierend, ob ich telefonieren darf? Daumen zum Ohr und Zeigefinger zum Mund weisen lassen?

»Bring mir eins mit«, erhalte ich die Order, während ich mir im Kühlschrank zu schaffen mache. Die Bestellung kommt von Greta. Gut, dass sie da ist. Mit einer Frau und vielen offenen Fragen muss ich anfangen, um Klarheiten zu bekommen. Warum also nicht gleich mit Greta. Das Ausschlussprinzip anwenden, doziert der Advokat. Frauen und Klarheit, das passt von vornherein nicht zusammen, stänkert der Geschädigte in mir. Im Fernsehen läuft eine Reportage über Walfang, in deren Verlauf ein Pottwal mittels sprengstoffbeladener Harpunen gekillt wird. Noch grausamer seien jedoch die cold-tipped Harpunen, das Sterben dauere länger, doch das Fleisch bleibe heil. Das Meer schäumt blutig. Da wird einem ja übel. Ich wende den Blick wieder in den Kühlschrank: »Beck's oder Krombacher?« Greta entscheidet sich wie ich für das räumlich näher liegende Siegerländer Krombacher. Wir setzen uns an den Tisch, prosten und schweigen. Man muss den Frauen die Eröffnung eines Gesprächs überlassen, um ihnen das Gefühl zu geben, sie hätten es in der Gewalt. Wenn der Mann zu redselig daherkommt, wird er schnell von Frauen als selbstgefälliger Schwätzer wahrgenommen. Dergleichen lernt man als aufmerksamer, kleiner Bruder einer frühreifen, großen Schwester.

»Bist du von hier?«, durchbricht sie mein Schweigen und ich erzähle ihr zwei, drei Sätze von meiner Herkunft, an deren Ende ich bemerke, dass sie dem Klang ihrer Aussprache nach sicher nicht von hier sei. Sie gibt mir recht und sagt, dass sie die meiste Zeit ihres Lebens rund um Bremen verbracht habe. Jetzt wolle ich sicher wissen, was sie als Flachlanddeern die Anhöhen hinauf ins Mittelgebirge verschlagen hat. Es sei das Herz gewesen. Sie wird schwermütig und ihr Blick senkt sich. Konzentriert beobachtet sie die Fortschritte eines stattlichen Brotkrümels, schätzungsweise Roggenbrot, auf dem Tisch.

»Hat Bremen keine Herzspezialisten in den Kliniken?« Mein Versuch, aus der unterirdischen Scherzabteilung ihre Stimmung wieder zu heben, zeigt Wirkung. Ob sie verheiratet sei, frage ich nach.

»Nee, dazu ist es bis jetzt nicht gekommen. Der Richtige weiß es noch nicht.« Mit einem Auge scheint sie zu lächeln.

Ich erzähle ihr ein bisschen von meinem Scheitern auf dem Gebiet der amtlich beurkundeten Paarung. Immerhin sorgen meine Geschichten um Marie für Heiterkeit, sodass sich allmählich in ihren beiden Augenwinkeln Lachfältchen bilden. Mit Abstand betrachtet kann auch ich über damals dramatische Episoden lachen. Ich gehe uns noch ein Bier holen und Greta entspannt sich zusehends, während vor laufender Kamera der getötete Wal zerlegt wird. Dreißig Minuten brauchen moderne Walfänger dafür. Die Asiaten mögen das Fleisch, das Öl und den Amber. 8000 Euro pro Kilo. Ui, denke ich, so teuer. Was das wohl für ein Zeug ist? Mit den Bieren kehre ich an unseren Tisch zurück.

»Ist das bei den Kerlen immer so, dass sie sich nicht freiwillig entscheiden können?«, fragt sie in die Luft.

»Mir fehlt der Mut ihn vor eine Wahl zu stellen.« Sie seufzt.

»Lieber einen halben Freund als gar keinen und irgendwann ist der Zeitpunkt da. Ich spüre das dann.« Wobei ich wissen möchte, woher sie die Kraft nimmt, stets in der Boxengasse den Motor auf Touren zu halten, auf ihren Einsatz wartend, um erst wenn sich die Fahne senkt mit erkalteten Reifen in die finale Endrunde zu starten. »Ich weiß es nicht. Es kann durchaus sein, dass mir bis dahin der Sprit ausgeht.« Sie reibt sich den Nacken.

»Bei den Benzinpreisen ...«, äußere ich.

»Vielleicht muss ich nicht mehr lange warten. Siehst du die Ferrari-Flagge da unten, die dort aus dem kleinen Dachfenster in Fetzen hängt?«

Ja, die sehe ich, dank einer Straßenlaterne, die ihr schummriges Licht in der Dämmerung verbreitet. Ich werde ganz kribbelig. Ob das das Haus ist, von dem Michael gesprochen hat?

»Vielleicht ziehe ich mit Hänsel in das Knusperhäuschen, sobald die Hexe vertrieben ist.«

Ich versuche mich im Dechiffrieren weiblicher Metaphern und setze für Hänsel Michael ein und für Hexe Luca, wobei die Hexe wahrscheinlich von wandelbarer Gestalt ist. Das Knusperhäuschen muss nicht in den heutigen Sprachgebrauch gebracht werden, denn es sieht genau so aus, wie man es aus den Märchenbüchern kennt. Es ist ein kleines, buckliges Fachwerkhäuschen mit schiefem, welligem und sicherlich brüchigem Dach. Ob es ein Kräutergärtchen drum herum hat, ist von hier oben nicht auszumachen. Trink leer, befielt Kalle, der die Füße unterm Tisch kaum noch still halten kann. Du musst dort hin, drängt er. Cool bleiben, setze ich dem Hibbel entgegen.

»Sag mal, hast du deinen Mitgefangenen schon kennen gelernt?«, fragt sie zaghaft.

Sie scheint wirklich nicht zu wissen, wo ihr Freund sein könnte. Weshalb sonst sollte sie ausgerechnet mich fragen?

»Mitgefangenen?«

»Ihr seid doch beide im Hungerturm untergebracht?«

Ich nicke und trinke einen kräftigen Schluck.

»Der diente bis 1856 als Gefängnis. Danach wurden die Missetäter nach Kirchen verlegt«, ergänzt sie. Jetzt fällt es mir auch wieder ein. Während meiner fünfminütigen Burgführung hat Jörn so was erwähnt.

»Seit Sonntagabend habe ich Michael nicht mehr gesehen. Also, kennen gelernt habe ich ihn eigentlich nicht«, gebe ich Auskunft, wobei mein Blick den Bildschirm streift, auf dem jetzt so ähnliche Steine zu sehen sind, wie ich sie schon mal gesehen habe. Zack, das Bild ist weg und wird jetzt von einem Japaner ausgefüllt. Laut Untertitel versucht er den Walfang aus wissenschaftlicher Sicht zu begründen.

»Wart ihr verabredet?«, frage ich nach.

»Holst du mir noch ein Bier?«, antwortet sie.

Während die Elfe Kurt intensiv zuhört, verschwinde ich abermals hinter dem Tresen und lasse dabei Greta nicht aus den Augen. Norweger, so höre ich, fangen auch Wale. Sie formt Zeigefinger und Daumen zu einem kleinen O, peilt den Brotkrümel an und schnippt ihn fort. Er rutscht bis zur Tischkante, kann sich dort irgendwie halten. Der Sturz bleibt ihm erspart. Ob Greta nachsetzen wird? Ich stelle das Bier vor ihr ab, sie bedankt sich. Ich denke nicht daran das Thema zu wechseln und hangle mich wieder ran:

»Bis zum Wochenende wird er wohl wieder auftauchen, um als Micele seine Steine feilzubieten.«

Ich mache eine Pause, sie reagiert nicht.

»Jörn sagt,« jetzt merkt sie auf, »dass Michael öfter ohne ein Wort verschwindet. Meldet er sich bei dir normalerweise ab?«

»Jörn hat schon recht. Der große Blonde mit dem roten Schuh hat es einfach drauf.«

Ich gucke irritiert.

»Du kennst doch sicherlich die Agentenparodie mit Pierre Richard, der als Unbeteiligter fälschlicherweise für einen Spion gehalten wird.«

»Klar«, nicke ich eifrig und ich meine so etwas wie verwandtschaftliche Gefühle zu dem Geiger François, der im Laufe der Geschichte in allerlei Verstrickungen gerät, zu verspüren. Natürlich kenne ich den Film aus den 70ern, doch die von Greta erwähnte Farbe des Schuhs hat mich stutzen lassen.

»Wo wir bei den seltsamen Vögeln sind«, leite ich ein.

»Prost«, fällt sie mir ins Wort.

»Auf die großen Blonden und die kleinen Blauen«, bringe ich uns auf die Einleitung meiner Frage zurück, wobei Greta sich verschluckt und wie eine beinahe Ertrunkene ausgiebig husten muss. Ich habe Zeit, warte bis ihre Luftröhre wieder frei ist und reiche ihr vom Tresen eine Serviette mit Sonnenblumenmotiv.

»Also, noch mal zu den seltsamen Vögeln. Ist dir ein blaues Mädchen aufgefallen?« Mit dem Papiertuch tupft Greta sich die Tränen ab, die ihr der Verschlucker in die Augen getrieben hat. Ihr kleines Gesicht ist hinter dem großen, gelben Sonnenblumenfeld nicht mehr zu sehen. Die Art ihrer Gefühlsregung kann ich lediglich am zornigen Pulsieren der Halsschlagader ermessen. Sie schüttelt auf meine Frage hin den Kopf und bleibt währenddessen unter dem saugstarken Zellstoff versteckt.

Die Elfe gönnt sich eine Kurtpause und kommt zu uns an den Tisch, fragt, ob wir noch etwas brauchen. Klar, Klarheiten brauche ich, denke ich und bitte darum, telefonieren zu dürfen. Sicher, sagt sie, ich solle auf dem Block neben dem Telefon eine neue Spalte, gleich hinter Gretas Namen, aufzeichnen, meinen Namen drüber schreiben und lediglich vermerken ob es ein Orts- oder Ferngespräch ist. Abgerechnet werde am Schluss. So ist es wohl immer, sinniere ich und mache mich an die Vorbereitungen Alfons anzurufen, denn Gretas Auskunftsfreude scheint nicht zuletzt im erstickenden Husten untergegangen zu sein. Sie gibt sich keine Mühe ihr Gähnen zu verbergen, während ich einen dicken Strich zwischen ihrem und meinem Namen auf der Liste ziehe. Die Reportage im Fernsehen endet mit anklagenden Walgesängen. Aus dem Augenwinkel sehe ich, wie Greta die angetrunkene Flasche Bier ergreift und versucht, gelassen in die Runde zu blicken. Die freie Hand hebt sie zum Abschiedsgruß in die Höhe und mehr fluchtartig statt ruhig hechtet sie die Treppe hinauf, zwei Stufen auf einmal nehmend. Soviel Trittsicherheit hätte ich dem zierlichen Figürchen nach etlichen Halben nicht mehr zugetraut. Selbst die Elfe schaut ein wenig überrascht, wenn ich ihre Augenbrauenzuckung richtig einordne.

Die hättest du erfolgreich vertrieben, mault der Jungdetektiv in mir. Das Telefon ist eines dieser alten Dinger mit Wählscheibe, die man heute nur noch auf staubigen Dachböden, Flohmärkten oder in Requisitenkammern findet. Alfons' Nummer ist elfstellig mit einigen Neunen und Achten drin. ISDN für die schnellere Verbindung. Der Drehscheibe ist das egal, sie hat ihren eigenen Takt. Konzentration, jetzt bloß nicht am Ende noch verwählen.

31

Bei Alfons müsste es jetzt klingeln. Es tutet neun Mal. Ich glaub, ich leg auf. In der halben Abwärtsbewegung meines Armes erhört mich doch noch jemand. Es ist Bille. Ich wundre mich, dass sie dort ist. Sie müsste längst in der Falle liegen und ihrer Zimmergenossin einen Dinner for one Monolog halten.

»Hallo Bille, hier spricht Heiner. Wo ist Alfons?«, frage ich sie.

»Wer?«, fragt sie mich.

»Alfons, euer Alfons«, wiederhole ich.

»Nein, sag wer du bist. Ich darf nicht mit jedem reden«, erklärt sie und mir fällt ein, dass sie mich so gut wie nie Heiner genannt hat.

»Ich bin dein Engel«, starte ich einen zweiten Versuch.

»Mein Name ist Bond, James Bond«, brummt eine tiefe Stimme aus dem Hörer. Meine Güte, wer hat sie denn das gucken lassen?

»Hallo mein Engel«, sagt sie erfreut, bevor ihre Stimme umschlägt: »Zuerst deine Information, dann meine, so läuft der Deal und nicht anders. Also spuck's aus: In welchem Rattenloch hast du dich verkrochen?« Ich muss dringend mit Alfons reden, mein Eindruck, dass Bille ungehinderten TV-Zugang hat, verschärft sich.

»Ich bin Ritter auf einer Burg«, gebe ich ihr die geforderte Auskunft.

Jetzt kichert sie: »Das ist lustig. Dann pass aber auf, denn der Alfons wollte losziehen und einen feuerspeienden Drachen töten, auch auf einer Burg. Aber ich soll nichts verraten – also psst.«

»Gnädiges Burgfräulein, Sie können sich auf mich verlassen. Meine Lippen sind versiegelt und husch, nun schnell in Ihr Gemach. Der König soll Sie doch nicht hier erwischen«, flüstre ich. Klack. Sie hat abrupt aufgelegt, wie es ihre Art ist. Alfons hat zu diesem Bille typischen Verhalten einen zehnseitigen Bericht verfasst. Ich habe den Verdacht, dass sie immer dann abbricht, wenn es ihr zu blöd wird. Ich sollte auch abbrechen. Heute scheint mir nichts mehr zu gelingen. Mit Kurt wollte ich noch sprechen, doch ein Blick in seine unterlaufenen Augen sagt mir, dass der Zeitpunkt höchst unpassend ist.

Nä, wat sein isch möh. Ich gähne ausgiebig, mache meinen Vermerk in die Telefonliste und will das Bier bezahlen.

»Später«, sagt die Elfe und ihre Stimme wirkt wie eine kuschelige Wolldecke. Ja, Kurt, ich kann dich verstehen.

Du kannst jetzt unmöglich schlafen wollen, schreit Kalle mich an. Das Haus, du musst in das Knusperhäuschen! Ich verspüre derzeit keinen Drang, dem Wunsch des Kinderdetektivs nachzugeben. Es ist viel zu dunkel, ich bin viel zu müde und – vor dem Hungerturm steht eine viel zu wuchtige, viel zu männliche Frau. In Deckung! Die Kuschelassistentin hat mich zum Glück noch nicht gesehen. So ein Mist. Rechtschaffen müde, so wie es sein sollte, wollte ich mich unter das Laken verkrümeln und jetzt muss ich entdecken, dass mein Hungerturm belagert wird. Ich kenne mich doch. Meistens bin ich nicht in der Lage unhöflich zu werden, auch dann nicht, wenn mir Angebote größeren Ausmaßes unterbreitet werden, die mir ganz und gar nicht liegen. Ich beobachte, wie sich die bärtige Lady das zeltähnliche Kleid zurechtzupft und sich anschließend mit dem Zeigefinger die Schneidezähne poliert. Genug gegruselt. Entweder du gehst jetzt dahin und vertreibst das Ding oder du nimmst den anderen Weg und guckst dich bei dem Knusperhaus um. Ich mache also auf dem Absatz kehrt und entferne mich von der Fleisch gewordenen Gefahr. Kalle triumphiert, wie leicht sich meine Abendgestaltung ändern lässt. Nee Kalle, nicht leicht, das Argument wog sicher an die vier Zentner.

Ziemlich ruhig heute Nacht. Es scheint, als sei ich der einzige Mensch, der sich hier draußen herumtreibt. Langsam gehe ich die Straße hinab, wobei meine müden Augen versuchen die Dunkelheit zu durchbohren. Warm strahlt hin und wieder ein Lichtschein aus einem der winzigen Sprossenfenster der kleinen Fachwerkhäuschen. Bläuliche Blitze geben Auskunft über Fernsehgucker. Von irgendwoher weht der feuchte Wind Celloklänge durch die Gasse. Meine Schuhe verursachen kein Geräusch auf der Teerstraße. Aus dem Tal brummen fern Motoren. Ich blicke in den Himmel, auf der Suche nach der abgerissenen Fahne, die aus einem Fenster des Hauses ragt, das Michael kaufen möchte. Über mir blinken die Lichter eines Fliegers. Wer da wo hin will, frage ich mich oft, der ich niemals ein Miles-&-More-Kunde werde. Von einer niedrigen Mauer springt mir eine getigerte Katze beinahe ins Gesicht. Ihr markerschütternder Schrei lässt mir die Haare zu Berge stehen. Was das Tier wohl so aufgescheucht haben mochte? Stille umgibt mich, nachdem der Katzenjammer vorüber ist. Über mir zappelt etwas. Die Fetzenfahne weht sacht im Wind. Das ist es also. Knusperhäuschen. Lädt nicht zum Anbeißen ein. Bevor ich mich links in den dunklen, muffig wirkenden Spalt zwischen den eng stehenden Häusern quetsche, um die Lage zu erkunden, gebe ich meinem hämmernden Puls die Möglichkeit, wieder runterzukommen. Ruhig atmend stehe ich vor dem buckligen Häuschen. Kein Laut kommt von mir und keiner aus der Umgebung. Das Cello schweigt. Das Haus wird lediglich von einer schmutzigen Laterne beleuchtet, ansonsten versinkt es in der Dunkelheit. Es scheint mehr wie der Schatten eines Hauses. Einzig die zerzauste Fahne zeugt davon, dass hier seit den Erfolgen eines Deutschen Formel-1-Piloten Menschen gelebt haben. Selbst bei dieser Beleuchtung sieht das Haus schon nach einer Menge Arbeit aus, sollte man das Risiko eingehen, es zu erwerben. Die schmalen Grünstreifen um die, nennen wir es ruhig: Ruine, bezeugen die Verwahrlosung. Peter Lustig wäre froh über so viel Löwenzahn. Alles, was dieses Häuschen irgendwann einmal hat schön aussehen lassen, ist entfernt worden. Statt einer, wie damals üblich, massiven, leicht verzierten Eichenholztür hat jemand eine hässliche, eiserne Heizungskellertür in den alten Rahmen gehängt. Die Angeln links und rechts der Fenster beklagen den Verlust ihrer Schlagläden. Der Füllbaustoff zwischen den Fachwerkstreben wurde hier und da durch Hohlblöcke ersetzt und wirkt wie verhornte Haut auf einer Wunde, die nie wieder ordentlich verheilen wird. Ich gehe einen Schritt links um das Haus herum und meine Befürchtung bestätigt sich. Diese Seite ist mit Asbestplatten verkleidet. Welch Verschandelung! Die Rückseite des Hauses wartet schlimmstenfalls mit Wellblech auf. Doch das werde ich erst erfahren, wenn ich mich durch den Spalt zwischen der Ruine und dem Nachbarhaus zwänge. Der Durchlass kommt mir extrem eng vor. Ich werde den anderen nehmen, rechts herum. Hier passen zwei schlanke Menschen aneinander vorbei. Plötzlich geht hinter mir eine Lampe an. Ich bin in die Kreise eines Bewegungsmelders geraten und fühle mich ertappt. Niemand ist zu sehen. Es ist immer noch sehr still, fast so, als spiele die deutsche Elf gegen die Mannschaft der Türkei um die höchste Ehre auf dem Fußballolymp. Einzig der Cellist übt jetzt wieder mit Ausdauer eine Passage, die ihm hörbar anhaltende Schwierigkeiten bereitet. Nu mach endlich, drängelt Kalle mich. Leise schiebe ich mich Schritt für Schritt an der original Fachwerkwand entlang. Das Licht verlöscht wieder. In meiner Augenhöhe hat sie keine Fenster, erst aus der zweiten Etage glotzen zwei schwarze Augen leer in die Nacht. Aus der Finsternis funkeln mich zwei Augen an. Noch so ein Katzentier. Es macht einen Buckel, sträubt das Fell und schießt mit buschig aufgeplustertem Schwanz an mir vorbei. Die Ruine scheint eine Art Katzenasyl zu sein. Ich mache mich darauf gefasst noch mehreren dieser Kreaturen zu begegnen. ›Wir feiern hier ne Party und du bist nicht dabei‹, presst Herbert Grönemeyer eine Songzeile aus meiner Erinnerung heraus. Als ich um die Ecke biege und hinterm Haus angekommen bin, dringt ein ekliger Gestank in meine Nase. Verwesungsgeruch. Mäuse, schätze ich mal, denn wo Katzen ausgelassen feiern, gibt's sicherlich Tote. Eine dunkle Wolke scheint sich verzogen zu haben und lässt das fahle Mondlicht durch. Im Gras vor mir schimmert etwas, ich beuge mich hinab, ein Fischauge glotzt mich an, Reste vom Menü. Die Rückseite des Hauses scheint überraschenderweise noch halbwegs in bester Fachwerk-Ordnung, sofern man das bei den Lichtverhältnissen sagen kann. Dunkel glänzend heben sich die Streben vor dem schmutzigen Weiß der Gefache ab. Im kleinen Garten erkenne ich die Umrisse eines Betonmischers, einen Haufen Sand und einen mit Steinen, gegenüber steht eine alte Zinkbadewanne, aus der beim Nähertreten ein Fliegenschwarm aufschreckt. Ich schrecke von deren Anblick ebenfalls auf und ziehe mich schnell wieder zurück. Die Fliegen verschwinden wieder in der Versenkung der Wanne. Eine Taschenlampe wäre jetzt nicht schlecht. Ich glaube nicht, dass du das sehen willst, murmelt der Kinderdetektiv, der befürchtet, dass in der Wanne eine Leiche liegen könnte, die gerade von den Mistfressern auf ökologische Weise im Kreislauf des Lebens behalten wird. Du musst da noch mal hingucken um sicher zu sein, sage ich mir. Vorsichtig und gewarnt schleiche ich wieder zur Wanne und erhasche einen Blick auf deren Inhalt. Sie ist leer, fast. Auf dem Boden und an den

Wänden kleben die Fliegen auf etwas ... riecht stark nach Rost ... Eisen ... Blut? In älteren Filmen greifen die Ermittler mit ihrem Finger in solche Spuren, verreiben die Probe mit dem Daumen, schnuppern dran oder probieren es gar. Nee, das lass ich lieber. Das Zeug riecht nach Blut. Noch bevor ich mir über die Tragweite dieses Fundes klar werden kann, dringen Geräusche zu mir herauf. Ich stehe scheinbar in unmittelbarer Nähe eines Kellerlochs. Michael hat davon erzählt. Wie war das noch gleich? Der Besitzer grabe im Keller und das Haus sei genau richtig für seine Zwecke. Ja, so was in der Art hat er gesagt. Bewusst setze ich einen Fuß sacht vor den anderen und nähere mich der Hauswand mit dem Kellerloch halb unter der Erde. Jetzt bloß nicht gegen ein Steinchen treten, das dann dort in den Lichtschacht hinunterkullert und auf mich aufmerksam macht. Ich hocke mich neben die Öffnung und vernehme Schleifgeräusche. Irgendjemand zieht irgendetwas über den Boden. Jetzt kann ich auch ein Keuchen hören. Auf der anderen Seite der Hausrückwand erkenne ich eine niedrige Kellertür. Hier müssen einst Zwerge gewohnt haben. Ob ich es wagen sollte? Noch ehe ich zu Ende gezögert habe, sehe ich eine kleine Gestalt von rechts aus dem schmalen Spalt herausschlüpfen, die sich behände an dieser Tür zu schaffen macht. Tatsächlich, ein Zwerg. Er scheint einen Schlüssel zu haben. Während er sich eilig umschaut, bevor er hineingeht und ich mich eilig in den Schatten der Hauswand drücke, erkenne ich das kleine, weiße Gesichtchen unter der großen, schwarzen Kapuze. Es gehört Luca. Super, endlich habe ich dich wieder erwischt. Jetzt brauche ich nur noch abzuwarten, bis sie da rauskommt und dann stürze ich mich auf sie und liefere sie bei Alfons ab mit den Worten: hier, dein Job, ich pfeif drauf.

Nein, das wirst du nicht tun, tönt Maries Stimme aus mir heraus, als ich drauf und dran war, das Schlafzimmer auseinander zu nehmen, das ihr Meister Feng-Shui-mäßig eingerichtet hatte, wobei er für mich keinen Platz vorsah. Hallo, schaltet sich Kalle ein, du kannst hier nicht rumlungern, finde heraus, was da drin abgeht. Das ist Einbruch, mahnt der Advokat. Nicht, wenn die Tür auf und Gefahr in Verzug ist, versuche ich zu rechtfertigen, was ich gleich ausführen werde. Kalle hat recht, hier draußen bekomme ich nichts mit und wer sagt mir, dass Luca diesen Weg hinaus nimmt und nicht etwa durch die Vordertür verschwindet. Das Keuchen ist nicht mehr zu hören und meine Neugier nicht mehr zu bremsen. Zur Kellertür führen ausgetretene, schmale Stufen. Ich gleite lautlos in die Senke, horche an der Tür, an der die dunkelgrüne Farbe abblättert. Aus dem Inneren dringt kein Laut. Ich schlüpfe durch den Türspalt in den Keller hinein. Vorsichtig taste ich mich an der Wand lang. Von Luca ist nichts zu spüren. Ich schätze mal, sie kennt sich hier aus und kommt schneller voran als ich. Schwache Schallwellen werden zu mir durch das Gemäuer getragen. Es ist kaum auszumachen, woher sie kommen. Stimmen, oder ist es nur eine Stimme, die da brummelt? Ohne mit dem Fuß irgendetwas umgestoßen zu haben, gelange ich zu einer Tür. Ich passiere den schmalen Durchgang, wende mich nach rechts, da mir ist, als kämen die Stimmen von dort. Worte kann ich nicht vernehmen, mehr so ein hektisches Getuschel. Ein schwacher Lichtschein strahlt aus einem Räumchen am Ende des Ganges. Ich habe den Eindruck, als käme die Decke immer näher und schmerzlich schürfe ich mir den Scheitel auf. Verflucht, tut das weh! Ich betaste die Decke über meinem Kopf. Rohes Gestein. Ich betaste den Scheitel. Blutige Kopfhaut. Ich ducke mich tiefer und reiße mir dabei einen Büschel Haare aus, das sich dort verfangen hat. Nur schwer kann ich einen Schmerzensschrei unterdrücken. Trotzdem hat man mich gehört, denn die menschlichen Laute verklingen auf der Stelle. Dann sehe ich Lucas Silhouette im dämmrigen Licht auftauchen: »Scheiße«, sagt sie, weiter kommt sie nicht, denn von oben hören wir, wie ein Fensterglas zersplittert, gefolgt von hastigen Schritten. Kurz darauf hören wir etwas knallen und scheppern. Die Treppe herab poltert ein alter Kanister und der Geruch von Benzin lässt kaum Zweifel aufkommen, was als nächstes geschehen wird. Ein weiterer Knall läutet das flammende Inferno ein. Ruckzuck fressen sich züngelnde Flammen die Kellertreppe, die zu meiner Linken zwischen mir und Luca liegt, hinab und verschlingen zuerst den Brandbeschleuniger, der bereits auf dem Treppenabsatz eine Pfütze gebildet hat. Im Feuerschein erkenne ich die Balken, die die Decke abstützen. Sie brennen wie Zunder. Lucas Weg scheint abgeschnitten. Ich hechte ihr entgegen, schnappe die Göre, die sich in die Höhle zurück drücken will, der Rauch verschlingt den Namen, den sie ruft. Wer auch immer sich dort aufhalten sollte, es ist zu spät. Wir haben nur noch eine Chance, bevor die Decke über uns einstürzt, denn die Balken zur Linken brennen bereits lichterloh. Ich reiße Luca bei der Kapuze und schleife sie hinter mir her. Sie entwindet sich, rennt zurück, ich fluche, verdammte, störrische Zicke, doch schon taucht sie wieder auf mit einem Beutel in der Hand. Gemeinsam stürzen wir durch die Kellertür ins Freie, während es hinter uns scheppert und kracht. Auch die obere Etage steht in hellen Flammen. Die Scheiben zerspringen und platzen, über uns geht ein Scherbenregen nieder. Wir werfen uns auf den Boden ins feuchte Gras.

32

Hölle noch mal, das war knapp. Während ich auf dem Rücken liegend nach Luft ringe, springt das blaue kleine Luder bereits auf und will sich davon stehlen. Wie von einer durchsichtigen Wand gestoppt, hält sie in der Bewegung inne und lässt sich wieder fallen. Von ferne hören wir die heranbrausende Feuerwehr, doch das ist nicht das einzige Motorengeheul, das ich vernehme. Der Mustang wiehert schrill und mit quietschenden Reifen braust er davon. Vor denen hat Luca sich versteckt und ihr Geheimnis wird in dem Beutel sein, da bin ich fast sicher. Nur eine Handbreit liege ich von ihr entfernt. Noch ehe ich die Finger nach ihr ausgestreckt habe, ist sie schon wieder auf den Beinen und rennt in Richtung Wanne. Hinter dieser schießt eine Person hervor. Ich wittre noch größeres Unheil, als eh schon über uns zusammenkracht, denn jetzt brennt auch das Dach. Ich sprinte zu Luca, die sich im Kampf mit dem Mensch befindet. Der Schatten will ihr den Beutel entwinden, sieht mich und haut ab, kullert eine Böschung hinab und wird von der Dunkelheit verschluckt.

»Wer zum Henker war das?«, brülle ich sie an und versuche den Rauch nicht in mein Gehirn zu lassen und einen klaren Gedanken zu fassen. Gehörte der

Schatten zu Michael oder war er zu breit dafür? Alfons? Warum?

»Niemand«, antwortet sie und ergibt sich einem Hustenreiz.

»Lass uns abhauen«, sagt sie. Tu es nicht, rät der Advokat und fügt mit der ihm eigenen ruhigen Beharrlichkeit an, dass es Zeit sei, die Polizei zu informieren.

»Nein, wir warten jetzt gemeinsam auf die Polizei«, gebe ich die Anweisung weiter und halte sie fest am Handgelenk.

»Sicher, und der werde ich dann erzählen, dass du es warst, der die Hütte angezündet hast«, keift sie zurück. Wann sie sich das wohl überlegt hat? Ein Zeichen emotionaler Intelligenz. Sich schnell auf neue Sachverhalte einlassen und selbstständig Lösungskonzepte erarbeiten, verlangen sie heute bereits von Verkehrszählern.

»Bis jetzt hast du überhaupt nichts damit zutun, das kann sich schnell ändern und ich schwöre dir, du wirst wünschen mir nie in die Quere gekommen zu sein!« Ganz schön abgebrüht die Kleine, meint Kalle.

»Ach, und warum sollte dir jemand glauben? Du bist auf Bewährung«, kontere ich.

»Du hast etwas, woran die Polizei sehr interessiert sein könnte«, dabei grinst sie siegessicher.

»Was hast du mir untergeschoben?«

»Wart's ab.« Das könnte ein Bluff von ihr gewesen sein. Vielleicht hat ihre Art Probleme zu lösen doch nichts mit emotionaler Intelligenz zu tun, sondern mehr mit Gewohnheit? Meine Verblüffung nutzt sie zu ihren Gunsten aus. Sie reißt ihr Handgelenk aus meiner Umklammerung und flüchtet. So eine Scheiße, denke ich und entschließe mich den Weg des kleineren Übels zu gehen, rase hinter ihr her den Berg hinauf, wie Speedy Gonzales, die schnellste Maus von Mexico, schön wär's. Wahrscheinlich bewege ich mich in Slow Motion, zumindest habe ich das Gefühl nicht voran zu kommen. Zur Polizei kann ich jedenfalls später immer noch. Die Feuerwehr ist endlich zum Brandort vorgedrungen. Ich werfe einen flüchtigen Blick über meine Schulter. Eine Menschenmenge hat sich angesammelt, die Besitzer der umliegenden Häuser stehen in Nachtgewändern um die brennende Ruine herum, einige spritzen die Nachbargebäude mit ihren Gartenschläuchen nass. Jetzt kommt auch ein Polizeiwagen herangeprescht. Beamte steigen aus und sperren die Straße ab. Uns Abseitige verschluckt die Nacht. Im Licht eines Scheinwerfers meine ich Alfons zu erkennen. Nein, das könnte auch jemand anderes mit dunklem Haar gewesen sein. Meine Augen tränen vom beißenden Qualm.

Das brennende Haus sieht von weiter oben aus, als speie ein auf dem Boden liegender Drache wütend und verzweifelt sein letztes Feuer. Billes Worte hallen in mir nach, während meine Lungen zu zerspringen drohen vor Anstrengung. 44 und immer noch kein Sprinter. Doch die Göre entkommt mir nicht! Sie rennt wie vom Teufel gejagt den Berg hinauf, gleich ist sie vor der Burgmauer angekommen. Sie scheint einen Moment zu überlegen, welche Richtung sie einschlagen soll. Das ist meine Chance. Ich krieg sie zu fassen. Gewonnen, ruft Kalle euphorisch. Ich zerre sie nach links durch das Burgtor, vorbei am Café, über die Brücke, wo einst eine Zugvorrichtung die Bewohner vor Schurken schützte, und rechts Richtung Hungerturm, der nicht mehr belagert ist, die Treppe hinauf und hinein in die karge Behausung. Die Tür kracht hinter uns ins Schloss. Unter normalen Bedingungen wäre der Knall aufgefallen, doch die Martinshörner und der dadurch entstehende Aufruhr stellen eine gute Tarnung dar. Völlig erschöpft fallen wir auf mein Bett, hustend und nach Luft schnappend. Aus dem Olympiakader der Läufer scheint Luca auch nicht zu sein. Ihr rasselndes Schnaufen übertönt bisweilen meines. Raucherin.

33

Mein eigener Überlebenskampf dröhnt in meinen Ohren, das heiße Blut rauscht, zum Glück, die Lungenflügel klatschen stechend Beifall. Die Blase drückt. Lucas Augen entspringt ein Bach. Sie hat sich die blauen Wimpern angesengt. Jeder leidet für sich allein.

»Ich hab Durst«, sagt sie. Ich hab aber nichts zu trinken da, denk ich und werde sie nicht alleine hier lassen. Sie deutet meinen bösen Blick richtig und sagt: »Du musst aber was holen.« Ob sie gleich mit dem Fuß aufstampft, wie ein verwöhntes, reiches Gör? Eine Flasche Wasser wäre wirklich nicht schlecht. Außerdem könnte ich den stinkenden Baum vorm Turm beehren. Fessle sie, meint Kalle. Kalle, so was kann man doch nicht machen. Ist doch nur für kurz, überredet er mich.

»Okay«, sag ich, schnappe nach ihren Handgelenken und drehe sie ihr auf den Rücken. Spitz schreit sie auf. Damit hat sie nicht gerechnet. Ich hätte mir vorher ein Seil bereit legen sollen. Auf Michaels Bett liegt ein Lederband. Wahrscheinlich aus seinem Warenbestand. Der dünne, schwarze Riemen wird es tun müssen. Ich wickle ihr mehrfach den Armschmuck um die Handgelenke und zurre die Schnur fest. Luca protestiert, doch dem setze ich ein Ende, indem ich sie bäuchlings auf das Bett werfe und ihre Laute nur noch die Kissenfedern erreichen. Als nächstes ziehe ich einen Gürtel aus einer von Michaels Hosen, die auf dem Bett liegen, wobei ich mich nicht erinnern kann, ob die dunkle Jeans vorher auch schon da war. Mit dem Gürtel fixiere ich Lucas einen Arm am Bettpfosten. Wütend dreht sie ihren Kopf herum:

»Ich schreie!«

»Tu das, ich lasse die Tür auf und hoffe, dass die Typen aus dem Mustang dich erhören mögen!« Hey, meint Kalle anerkennend, du kannst ja auch kaltschnäuzig sein.

»Bin gleich zurück. Nicht weglaufen.« Ich vernehme noch einen Laut des Unmuts, doch dann hält Luca tatsächlich die Klappe.

34

Vorsichtig öffne ich die Tür des Hungerturms und spähe hinaus. Meine Augen brennen immer noch. Die kühle Nachtluft tut gut. Das Markieren des Pinkelbaums auch. Geduckt renne ich anschließend über den äußeren Burghof. Alle, die jetzt auf den Beinen sind, werden sich auf die Löschaktion konzentrieren. So hoffe ich, niemandem zu begegnen, wenn ich in die Burg schleiche und mir aus dem Vorratsraum zwei Flaschen Wasser hole. Unbehelligt erreiche ich den Lakaieneingang, der, dem Himmel sei Dank, nicht verschlossen ist. Im Dunkeln tappe ich zu den Getränkekisten. Nur die kleinen Lämpchen der Kühleinheiten geben mir eine Orientierung. Leise entnehme ich einer Kiste stilles Wasser und beeile mich, in den Schutz des Hungerturms zurück zu kommen. Auf meinem Weg über den Grillplatz erregt eine Silhouette meine Aufmerksamkeit. Ich ducke mich hinter einen dicken Stein und sehe Greta, wie sie zu ihrem Kiosk geht. Sie muss zuvor gerannt sein, denn stoßweise entweichen Atemwölkchen ihrem Mund. Sie dampft regelrecht.

Der Feuerschein des brennenden Fachwerkhauses ist bis hierher zu sehen. Er verleiht der Nacht etwas Unheimliches. Fegefeuer. Hexenverbrennung. Nu ist gut. Los, sieh zu, dass du zum schützenden Turm kommst. Verschanz dich hinter dicken Mauern, keifte Marie immer zornig schrill, wenn sie bei mir nicht auf offene Ohren stieß, wenn sie mal wieder an unserer Beziehung arbeiten wollte. Was genau hieß, ich sollte so daran arbeiten, dass ich ihrer Vorstellung von Partnerschaft am nächsten kam. Statt Essen wartete ein Kamasutra-Buch auf meinem Platz. Aufgeschlagen, drei Stunden Dauererektion war unterstrichen, gefolgt von einem vorwurfsvollem Ausrufungszeichen. Na, Prost Mahlzeit. Ich hatte einen 10-Stunden-Tag hinter mir, kam hungrig nach Hause und sollte an der Beziehung arbeiten, wobei ich mich liebend gerne durch ein Kotelett gearbeitet hätte. Ich weiß nicht, wo Marie gelesen haben mochte, dass Verhungernde zu solchen Höchstleistungen fähig seien. Nicht nur die Küche war kalt. Vorbei.

Kalt ist auch der Stein, hinter den ich abgetaucht bin. Ich schieße aus der Hocke hinüber zum Hungerturm, erstürme die Treppe, husche ins Innere und verriegle die Tür mit einem dicken Holzbrett, das sich durch zwei massive U-Eisen an der Tür schieben lässt und uns vor der Außenwelt verbarrikadiert. Das nenne ich einen Riegel. Mir fallen die Müsliriegel ein, die ich noch in meinem Gepäck haben müsste. Bevor ich Luca losmache, suche ich die. Beim Bücken unter das Bett fällt mir Michaels Briefumschlag aus der Hosentasche. Hier ist es zu dunkel zum Lesen, daher knicke ich ihn in der Mitte und stopfe ihn wieder rückwärtig in meine Jeans. Meine Duftprotokolle habe ich auch noch nicht gemacht. Irgendwie fühle ich mich total überfordert, erschöpft und konfus. Zu viel Zwielicht.

Ein bisschen Helligkeit wäre nicht schlecht. Bei Michaels Sachen müssten Kerzen sein. Ich taste mich auf seine Seite. Auf dem Fenstersims meine ich, hätten Teelichter gestanden. Ich finde sie und auch ein Päckchen Streichhölzer. Eines der beiden Teelichter zünde ich an und ihr kleiner Schein erhellt ein wenig den Raum. Mein Schädel brummt. Kleine Flammen tanzen hinter meiner Stirn. Der Geruch von Blut und Rauch vermischt sich in meiner Nase. Über den Rand einer stinkenden, alten Badewanne schiebt sich ein Bergsteiger mit gespaltenem Schädel. Mich würgt es in der Kehle.

Lucas Gejammer reißt mich zurück in die aktuelle und reale Katastrophenlage. Ich habe mir noch keinen einzigen Gedanken darüber gemacht, wer in dem Feuer umgekommen sein könnte. Vielleicht ist es der Person geglückt das Haus zu verlassen. Ich kenne mich ja gar nicht aus in dem Haus. Es könnte doch sein, dass der Keller einen weiteren Ausgang hatte, eine Art Maulwurfsbau. Vielleicht gehörte der Schatten, mit welchem Luca rangelte, eben zu jener Person, mit der sie zunächst hektisch flüsterte. Ich würde das so gerne glauben. Der Gedanke, dass in meiner unmittelbaren Umgebung jemand verbrannt sein könnte, den ich eventuell hätte retten können, stimmt mich verzweifelt. Ich glaub, ich muss mich übergeben. Mein Magen revoltiert, mein Hirn krampft. ›Mein Herz brennt‹, schreit Ramstein stumm in mir, wobei die inneren Schallwellen meinen Körper zu zersprengen drohen. Die intensiv gespielten Geigen werden begleitet vom Pochen in meinen Schläfen. Der fixierten Luca ist es gelungen einen Fuß vom Bett zu schwingen, mit dem sie mich nun unsanft gegen die Schulter tritt. Ich hocke reglos auf dem Boden, bin gegen das Bettgestell gelehnt, das zu wenig Halt gibt. Leicht rutsche ich von ihrem Tritt zur Seite. Eigentlich spüre ich nur, dass sich das Eisen des Bettes an meinem Rücken verschoben hat, die Bretter unter mir scheinen nicht vorhanden. Im Grunde hocke ich im Nichts. Noch ein Tritt. Mein Nacken ist steif vor Anspannung. Der kickende Fuß erzeugt an meinem Schulterblatt einen Schmerz. Der Fuß trifft immer wieder auf die gleiche Stelle. Wo Schmerz ist, da ist auch Leben. Ich starre auf den bösen Fuß, der einem Geißenhuf gleicht. Wenn mir jeden Moment ein teuflischer Schweif durchs Gesicht peitschte, würde ich mich nicht wundern. Ich bin bewegungslos auf alles gefasst. Verflixt! Welche giftigen Dämpfe vernebeln mir die Birne? Man sollte Asbestplatten sicherlich nicht verbrennen. Das darf man doch gar nicht. Das ist verboten. Plötzliche Unruhe lässt mich hochkommen. Was mache ich hier überhaupt? Das ist doch alles nicht mein Film. Ich gehe unkoordiniert im Raum auf und ab. Neben der verrammelten Tür zieht ein Lüftchen zu uns durch die Ritzen. Tief ein- und ausatmen. Immerhin hast du das Mädchen gerettet, versucht Kalle mich zu beruhigen. Ich sollte Alfons anrufen und dann die Polizei. Morgen. Jetzt kann ich ihn eh nicht erreichen. Fahrig binde ich Luca los, werfe ihr eine Flasche Wasser und einen Müsliriegel hin.

»Weißt du«, sagt sie für ihre Verhältnisse kleinlaut, »du hast mir das Leben gerettet. Danke. Du bist jetzt so was wie mein Schutzengel«, fügt sie kauend an.

Aha, solange das nicht heißt, dass ich fortan für den Rest meines Lebens um sie herumflattern muss.

»Ich verdanke dir mein Leben. Wir sollten also teilen.«

Ich will nichts teilen. Ohne auf mich zu achten plappert sie weiter.

»Wir könnten reich werden, aber nur, wenn du willst.«

Ich will nicht. Ich könnte aus dem Stand aus der Hose springen! Verschwendet dieses von rußigen Tränen verschmierte Etwas nicht einen einzigen Gedanken an den, der da wohlmöglich zu Schaden gekommen sein könnte? Ich halte sie keinen Moment länger aus. Es ist nicht zu fassen. Stopp, versucht der Advokat mich zu beschwichtigen. Sie weiß mehr als du, denk daran. Und vielleicht weiß sie auch, ob dort jemand verbrannt ist oder nicht. Also, bleib cool.

»Was ist in dem Haus passiert?«, will ich wissen.

»Besser du weißt so wenig wie möglich«, gibt sie schnoddrig zur Antwort, als spräche sie mit einem Obertrottel von Ehemann. Marie ließ auch solche Sprüche los, am Ende. Wahrscheinlich sieht die angebrannte Luca Dampf aus meinen Ohren entweichen, da ich den Druck des Zorns loswerden muss, bevor ich mich vergesse. Ich spüre meinen Hals anschwellen. Ich fühle die Augen aus ihren Höhlen treten und wie sich jedes einzelne Haar aufstellt. Die eben noch eher Träge, entzieht sich meinem Blickfeld, mauschelt im Dunklen, kramt und ruckzuck hat sie die Wasserflasche gegen mich erhoben. Sie ist drauf und dran sie als Keule zu benutzen. Das Biest ist schnell, doch ich bin auch schnell, wenn es um meinen Kopf geht, ziehe sie an den Beinen, so dass sie vom Bett plumpst und die Flasche aus ihrer Hand fällt.

»Du wirst mir jetzt sofort sagen, was mit dir los ist!«, belle ich sie an.

Schützend hebt sie einen Arm über ihren Kopf, mit dem anderen stützt sie sich vom Boden ab. Ich greife nach ihrem Beutel, um den sie vor fünfzehn Minuten noch gerungen hat. Ganz schön schwer das Ding. Sie will sich auf mich stürzen, doch ich schubse sie um. Gleichzeitig kippe ich den Inhalt des Leinensacks auf das Bett. Im flackernden Licht erkenne ich eben jene grauen Steine, denen ich schon öfter begegnet bin in der jüngsten Zeit. Außer diesen Dingern flattern 500-Euro-Scheine aus dem Beutel. Soviel Geld habe ich noch nie gesehen.

»Was ist das hier?«

Fahrig und wütend stopft Luca, die sich wieder aufgerappelt hat, alles in den Sack zurück.

»Startkapital«, gibt sie trotzig zur Antwort.

So geht das nicht, mischt sich der Advokat ein. Du musst ihr Vertrauen gewinnen. Zeig dich gütig, immerhin bist du ihr Schutzengel.

35

Ich bin aber kein Aufpasser, kein Sozialpädagoge. Ich bin Blechschlosser Heiner und stinkwütend auf die strunzdumme Kuh! Seit ich geschieden bin, war ich nicht mehr so wütend wie jetzt. Ich erkenne mich gar nicht wieder, sehe aus einer dritten Perspektive, wie ich Luca bei den Schultern packe und sie derart schüttle, dass nur die Worte der Wahrheit aus ihr hinauspurzeln müssen. Weit gefehlt. Sie fängt an zu flennen. Ich komme wieder zur Besinnung. Das eben noch so abgebrühte Ding heult plötzlich Rotz und Wasser. Ich gebe es auf, lasse sie abrupt los und sie sinkt auf das Bett, hinein ins Gestein und die Scheine. Okay, ich kann es versuchen, die sanfte Tour, und überlege, wie Alfons auf Menschen im Ausnahmezustand zugeht. Ich konnte ihn einmal dabei beobachten, wie er eine Mutter beruhigte, die ihr Kind in der Werkstatt abgab und deren Mann gerade seine Koffer packte, Reisedaten: einfacher Flug, Business Class, zwei Plätze, Zielflughafen: Rio de Janeiro. Ihre Koffer verstaubten auf dem Schrank. Alfons setzte sich ganz ruhig hin und ließ sie weinen. Das soll wohl so was signalisieren wie: egal wie dreckig es dir geht, bei mir darfst du deinen Gefühlen freien Lauf lassen. Ich setze mich so ruhig es meine innere Aufruhr zulässt neben Luca und lass sie weinen. Dann, als die Mutter nur noch schluchzte, reichte Alfons ihr eine Schachtel mit solchen weißen Softtüchern. Lucas Weinen wird leiser, doch ich habe keine Softtücher. Ich nehme eine weiße Feinripp mit Eingriff von Michael, hoffentlich gewaschen, und reiche sie ihr. Dankbar, mit einem zaghaften Lächeln nahm die Mutter die Tücher an, erhob sich, ging zum Fenster herüber, schnaubte sich ladylike und erzählte Alfons alles. Luca greift nach dem Stück Stoff und schnäuzt sich geräuschvoll. Nach Plan müsste sie mir gleich alles erzählen. Ich schweige, hebe die Flasche Wasser vom Boden auf und gebe sie ihr. Sie trinkt einen großen Schluck und beginnt zu reden.

»Die Steine da«, sie zeigt auf die gräulich gesprenkelten Brocken, »sind nur eine Art Andenken.«

Ich habe das Gefühl, dass sie lügt. Ich auch, sagen Kalle und der Advokat gleichzeitig.

»Die gehören Michael. Er handelt damit.« Ich greife mir einen davon. Wie Schmucksteine sehen sie nicht aus, sie fühlen sich auch anders an. Ich reibe daran und meine, einen würzigen Duft wahrzunehmen.

»Das ist Amber«, erklärt sie. Amber, davon habe ich doch neulich schon mal gehört. Das hatte doch was mit Walen zu tun.

»Echter grauer Amber, der ist teuer und fällt unter das Washingtoner Artenschutzabkommen. Manchmal findet man ihn auch am Strand, zum Beispiel in Neukaledonien. Ich war noch nie weiter weg als bis in die Dolomiten«, jetzt seufzt sie, ich räuspere mich und sie fährt fort: »So große Mengen kommen aber nicht legal im Handgepäck zu uns, wie die, um die es hier geht. Illegale Walfänger finden hin und wieder Amber im Darm der geschlachteten Tiere und wollen dann ihr Geschäft machen. Wusstest du, dass ein Pottwal bis zu 400 kg Amber in sich haben kann? Der Handel damit ist eigentlich verboten.«

Was heißt in dem Zusammenhang eigentlich ›eigentlich‹? Ein Kilo davon kostet 8000 Euro, fällt mir ein Teil der Reportage wieder ein, die ich im Café gesehen habe. Ich versuche mich zu erinnern, ob Alfons die gebeutelte Mutter unterbrochen hat, um Fragen zu stellen. Nein. Nein, rät auch der Advokat, lass sie weiterreden.

»Amber ist seit der Antike bekannt. Er wird als Fixateur und eben auch als Duftnote in edlen Parfüms verwendet. Hauptsächlich früher. Heute gibt es dafür synthetische Stoffe. Die Asiaten benutzen den original Amber wohl heute auch noch für Heiltröpfchen. Ich persönlich glaub ja nicht daran, dass das Zeug aus dem Darm eines Wals Krankheiten lindern oder Wohlbefinden steigern kann«, so wie sie es sagt, klingt es, als würde sie aus einem Prospekt vorlesen und nüchtern kommentieren. Gleichmütig fügt sie an:

»Teilweise gilt Amber auch als Aphrodisiakum. Ich habe da mal was gehört, irgend so eine Bande von Parfümfälschern ist da im Moment ganz heiß drauf, oder solche Typen, die exklusive Sexmittelchen zusammenmixen und die dann mit einem ordentlichen Gewinn verkaufen. Sag mal, wonach riechst du eigentlich?«, sie rümpft die Nase. Ich müsste noch den Dufttest von gestern unter den Achseln haben. Außer meinen eigenen gerösteten Nasenhaaren kann ich im Moment nichts wahrnehmen.

36

Also, was Luca da erzählt, ich weiß ja nicht, wendet Kalle ein. Bleib am Ball und nimm sie ernst, rät der Advokat, der es von Berufs wegen gewohnt ist, dass man ihm die abenteuerlichsten Storys auftischt.

»Den Darmstein von Pottwalen reiben sich reiche Damen hinter die Ohrläppchen und wer weiß wo sonst noch alles hin«, sie lacht müde auf und fügt an: »Noch ist nicht ganz klar, wie der Amber entsteht. Sicher ist nur, dass manch einer damit schneller Kohle verdienen kann als mit dem Verkauf von Rosenquarz und Bernstein.«

»Und Michael?«, wage ich einzuwerfen.

»Michael. Den habe ich in Hamburg kennen gelernt. Ich hatte einen Trödelstand neben ihm und bekam mit, wie er diese Dinger heimlich verkaufte. Wow, dachte ich da, der hat es drauf. Das ist nicht so ein dummer Drogendealer. Der ist cleverer, von dem kannste noch was lernen. War aber nicht so ...«

Ich versuche, nicht verständnislos mit dem Kopf zu schütteln. Was hat sie bloß an sich, dass Alfons bei ihr seine professionelle Distanz verliert?

»Michael und ich, wir waren richtig gut. Doch ich merkte bald, dass wir nicht die gleichen Ziele hatten. Er wollte sesshaft werden und schlug einen letzten großen Coup vor. Na ja, ich ging drauf ein und nun sitze ich hier hüfthoch in der Scheiße. Michael ist untergetaucht und ich habe die Verfolger an der Backe. Weißt du, was ich glaube?«

Jetzt darf ich deutlich mit dem Kopf schütteln.

»Wir sollten Ware in Hamburg kaufen, 100 Kilo Amber zu 5000 Euro, ein Schnäppchen«, mit einem zu geringen freien Arbeitsspeicher kommt das Rechenprogramm in meinem Gehirn mühsam ratternd auf eine Summe von einer halben Million Euro, »und weißt du was, seit Hamburg habe ich ihn nicht mehr wieder gesehen. Er ist mit dem Geld, unserem Geld, los und nicht wieder gekommen, der Sauhund. Ich weiß, dass er hierher wollte, meldete mich bei Alfons, dem Guten, und bettelte um einen Job auf der Burg. Ich glaube, Michael wollte das Geschäft allein durchziehen und wohlmöglich dann gemeinsam mit der niedlichen Greta im Fachwerkhäuschen alt werden.«

Ich glaube, dass sie lügt. Irgendwas stimmt nicht an ihrer Geschichte. Michael wirkte auf mich nicht halb so linkisch und durchtrieben wie sie.

»Wo ist Michaels Lager?«, frage ich sie. Irgendwo muss er seine Steine und den Stand unterstellen und da ich weder einen Transporter oder einen Wagen mit Anhänger hier gesehen habe, müssen die Sachen an einem anderen Ort sein.

»Er hat einen Schuppen in der Nähe der Abfahrt Haiger/Burbach. Da war ich schon. Doch er war nicht da. Nur seine Mineralien. Der ist abgetaucht. Ganz bestimmt.«

Mir wird klar, warum sie die blaue Schwalbe geklaut hat und wohin sie damit gedüst ist.

»Was ist mit den Verfolgern?«

»Schätze, die haben was mit dem Knochenmännchen zu tun, das den Amber an uns verkaufen wollte. So ein dürrer Asiat ohne Zähne, ich sah ihn einmal in einer Hafenspelunke.«

Das könnte der tote Kapitän des illegalen Walfängers sein, flüstert Kalle.

»Michael hat den bestimmt geprellt. Warum sollten die Typen sonst hinter mir her sein?«

Das frage ich mich auch.

»Hinter dir? Ich denke Michael hat das Geschäft gemacht?«

»Du hältst dich wohl für ganz schlau«, schnappt sie schnippisch.

Ich erspare mir ein bestätigendes Nicken.

»Die haben mich mit Michael zusammen gesehen.«

Meine Pupillen verengen sich zu Fragezeichen.

»Vorher, nicht danach. Ich habe Michael doch zum Pier gebracht mit meinem Tandem.«

Tandem, soso, murmelt Kalle.

»Ach, Scheiße Mann, glaub doch was du willst!« Luca rappelt sich vom Bett auf und macht Anstalten, den Raum zu verlassen. Du hast es vermasselt, schimpft der Advokat. Warts ab, denke ich, der ich neben dem Haufen Geld sitze. Luca stoppt in ihrer Aufbruchbewegung, dreht sich zu mir um, ihre Augen funkeln, sie rafft mit beiden Händen in Amber und Scheine und bewirft mich mit dem Zeug. Schätzungsweise fliegen mir rund 7000 Euro um die Ohren. Während es um mich herum Brocken regnet, schreit sie schrill:

»Und das! Was ist damit?« Sie hält das Zeug für

einen Beweis ihrer Geschichte, sinkt nach dem Wutausbruch auf den Boden, um mit gebrochener Stimme fortzufahren: »Alles umsonst. Aus, vorbei. Vermutlich ist der Rest des Ambers verbrannt. Das hier«, sie zeigt auf das Bett, »das ist das Einzige, was ich genommen habe. Was soll ich denn jetzt machen? Ich kann doch keinem mehr trauen.« Die Frage galt wohl eher dem Allmächtigen, mir jedenfalls nicht. Während der blaue Vulkan tobte, hatte ich mich nicht gerührt. Luca starrt still in das schon fast verlöschende Teelicht. Ich zünde das zweite an und puste das erste aus. Frag sie, so der nüchterne Stratege Advokat, womit Michael die 100 kg Amber transportieren wollte. Doch nicht auf einem Tandem.

»Wie wollte Michael das Zeug transportieren? Wo aufbewahren? Wer sind die Abnehmer?«

»Oh Mann, du kannst Fragen stellen«, stöhnt sie.

Da muss ich ihr recht geben, denn wenn ich was kann, dann fragen.

»Das war überhaupt der größte Witz. Die grauen Steine waren in den Sitzen eines alten Pandas verteilt und auf dem wiederum prangte ein fettes Greenpeace-Logo – hat Michael mir so erzählt.« Aha, gesehen hatte sie den Wagen also nicht. Sagt sie.

»Die Abnehmer kenne ich nicht. Ich war immer nur Kurier. Habe die Pakete abgeliefert, manchmal auch versendet, an ein Postfach im Saarland zum Beispiel. Einmal habe ich ein Paket nach Luxemburg gebracht und immer öfter kamen Rumänen an meinen Stand. Denen habe ich dann jedes Mal noch ein bisschen Trödel angedreht. Ha, da gab es mal eine Aktion mit Weihnachtsgeschenken für rumänische Kinderheime. Statt eine Bibel reinzupacken, haben die dort die Steine rein gesteckt und haben das unbehelligt über die Grenzen gebracht. Hat Michael erzählt. Vielleicht üben sich die Leute da im Fälschen edelster Düfte, keine Ahnung. Fachleute sagen, man rieche den Unterschied zwischen echtem und synthetischem Amber.« Ich muss unbedingt im Internet recherchieren, ob das alles sein kann, was Luca mir erzählt. Düfte und Lockstoffe, Sex und Aphrodisiakum, Pheromone und Biber, Geldgeilheit und Dufttests, die Wörter fallen übereinander her. Eigentlich habe ich die Nase voll für heute, bin todmüde. Du musst noch herausfinden, mit wem Luca im Haus war und mit wem sie draußen gerangelt hat, drängelt Kalle. Mein Herz beginnt wieder zu rasen. Die Person im Garten hatte ich schon fast verdrängt. Vielleicht war das die gleiche wie drinnen. Doch wie soll die rausgekommen sein? Vor meinem inneren Auge glänzt schwarz schimmernd eine verkohlte Leiche mit zum Schrei verformtem Mund. Mein Bild gleicht dem Edvard Munchs.

»Wer war mit dir im Haus?«, frage ich und versuche mein zitterndes Bein unter Kontrolle zu bringen.

»Niemand.«

»Du lügst doch. Ich habe Stimmen gehört.«

»Ich habe vor mich hin geschimpft. Da war niemand!« Zu gerne würde ich das glauben. Kennen Sie das? Man ahnt etwas, doch will es nicht wahr haben. Besser wäre es in so einem Moment, man würde nicht weiter bohren und dumm sterben, statt mit der Erkenntnis einer Schuld oder einer ›vielleicht Mitschuld‹. Setzt sich bei mir etwa schon die Rechtfertigungsmaschinerie in Gang?

»Mit wem hast du draußen um den Rucksack gekämpft?«, gebe ich trotzdem nicht nach.

»Scheiße, Mann, ist das hier ein Verhör oder was? Mir brannten die Augen. Ich habe es echt nicht gesehen. Groß und stark war er auf jeden Fall. Könnte Michael gewesen sein oder auch nicht ...«, ihre Stimme wird immer leiser. Ich muss schon fast die Ohren spitzen.

»Alfons?«

»Was kommst du mir mit dem? Alfons, der Gute, der weiß doch von überhaupt nix. Der denkt doch, ich wäre auf einem positiven Weg, ein Stück weit. Ist dir mal aufgefallen, dass bei Pädagogen alles ein Stück weit besser wird?«, schreit sie mich plötzlich an. Ich glaube, sie macht eine Fratze während sie jetzt wieder leiser weiterspricht:

»Ich sehe, du nutzt im Rahmen deiner Möglichkeiten dein sprachliches Potenzial ein Stück weit besser wie vor unserem letzten Gespräch«, äfft sie näselnd. Luca ist immer noch in Fahrt, agiert zu emotional, würde ein Pädagoge jetzt vielleicht dazu sagen.

»Nur weil man sein Gegenüber nicht mehr verprügelt, sondern nur noch Arschloch schimpft. Die Sozpäds ticken doch selbst nicht mehr sauber.« Sie zieht die Beine ganz nah an ihren Körper und fängt an, leicht vor und zurück zu wippen. Vor und zurück, immer schneller.

»Und Alfons?«, versuche ich, ihn wieder ins Spiel zu bringen. Sie hält kurz inne mit der Körperpendelei, schnieft leicht, legt den Kopf etwas schief und zieht die rechte Schulter hoch. Ihr Körperpendel schlägt erneut aus, doch diesmal im Dreivierteltakt. Hospitalismus, versucht der Advokat flüsternd eine Diagnose.

»Der liebe Alfons. Der ist anders, ein Stück weit wenigstens, ha. Ich hau jetzt ab«, Trauer und Sarkasmus spiegeln sich gleichermaßen in ihrer Stimme. Sie erhebt sich zögernd.

»Nix da«, befehle ich. »Ich übergebe dich morgen an Alfons und der kann dann mit dir zur Polizei marschieren. – Außerdem, wo willst du denn hin? Hast doch selbst gesagt, dass du niemandem mehr vertrauen kannst. Mir kannst du vielleicht einen erzählen, doch den Kerlen aus dem Mustang nicht. Pack das Zeug ein und schlaf jetzt!«

Meine plötzlich sehr bestimmte Art scheint sie zu überzeugen, oder die Angst vor den Verfolgern zusammen mit der Müdigkeit? Morgen um fünf Uhr ist Dienstbeginn. Was heißt morgen? Gleich. Ich schiebe Michaels Pritsche vor die Tür und hau mich hin. Ich brauche einen Schlüssel für den Turm. Abschließen, unbedingt, von außen abschließen, abschießen ... mir brummt das Hirn und Rio Reiser singt: Alles Lüge!

37

Mir wird wieder mal in Erinnerung gerufen, warum vom Morgengrauen die Rede ist. Neuer Tag, mir graut vor dir. Meine Uhr piept verzweifelt. Im Traum saß ich auf einem tickenden Klo. Bis ich merkte, dass es sich nicht um eine Bombe handelte, sondern um meine Uhr, waren mindestens drei Zustände an mir vorbeigezogen. Von Wut über blankes Entsetzen bis zur Erlösung und jetzt, wo ich meine wach zu sein, setzt Panik ein. Ausmachen. Während ich versuche, meine müden Knochen so zu drehen, dass ich mit der einen Hand der anderen Gelenk erreichen kann, um die Uhr zum Schweigen zu bringen, bemerke ich, dass da was drauf liegt, auf meinem Arm. Luca. Herzinfarkt. Bin ich erschrocken. Wann hat sie sich denn zu mir auf die Pritsche gesellt? Tapsend gleiten ihre Finger zu meiner Uhr und sie stellt sie aus. Wie selbstverständlich, als würde sie das nach jedem unfreiwilligen Erwachen auf diese Art tun. Im Grauen des Morgens checke ich unsere Lage. Vollständig bekleidet, vollständig verrußt, Luca dreht ihr Gesicht zu mir ohne die Augen zu öffnen und löffelt sich, ein Bein über mein Bein legend, an mich heran, vollständig verstört setze ich die Inventurliste fort. Jetzt legt sie ihren Arm um meinen Hals, mir wird heiß, vollständig am Leben. Objektiv betrachtet ist das gut. Kloträume jedoch verheißen nichts Gutes. Sie sind noch schlimmer als Zahnausfallträume. Immer wenn ich unter Druck stehe, zeigt mir mein Kopfkino grausige Bilder. Ich sitze auf einer Schüssel und rings um mich die weite Flur. Jeder sieht mich. Um mich herum herrscht geschäftiges Treiben. Ich will mich sputen, doch es hört nicht auf und es ist nie Papier da, keine Rettung. Niemand, der einen Vorhang um mich rum spannt, niemand, der eine Rolle reicht. Ich hasse Kloträume! Hilft alles nix. Ich brauche jemand, der den Vorhang zieht oder die Rolle gibt. Ich brauche jemand, der mir hilft, Luca solange zu schützen, bis sie in sicherer Verwahrung ist. Außerdem brauche ich die Gewissheit, dass beim Hausbrand niemand zu Schaden gekommen ist. Und du brauchst ne Dusche, schnüffelt der Advokat. Vorsichtig entschlüpfe ich der kleinen, blauen Gestalt. Ebenso vorsichtig trage ich das schlafende Mädchen auf die andere Pritsche und decke sie sacht zu.

Ich raffe frische Sachen und muss scharf nachdenken, womit ich die Tür von außen blockieren könnte, damit Luca nicht auf die Idee kommt abzuhauen. Ein Holzkeil wäre gut. Hier im Turm ist es zu dunkel um dergleichen zu finden, wenn man nicht weiß, ob sich das Suchen lohnt. In Gedanken gehe ich den Grillplatz durch, den ich bereits bis in die letzten Winkel kennen lernen durfte. In einer Mauernische lagerte zumindest gestern noch ein Stapel Brennholz. Vielleicht habe ich Glück und finde dort ein passendes Scheit, mit dem ich die Tür verkanten kann. Außerdem wäre ich von dort aus noch schnell genug an der Hungerturmtür, sollte sich das blaue Köpfchen an die Luft wagen, bevor ich sie daran hindern kann. Leise schleiche ich raus. Des Blechschlossers Blick ist scharf und ich vermesse mit den Augen den Schlitz unter der Tür, zur Sicherheit kann ich ja auch noch die Fingerprobe machen. Vom kleinen Finger passt nur das erste Glied unter die schwere Holztür. 6,5 mm gequetscht. Eilig begebe ich mich auf die Suche nach einem passenden Keil. Ich finde ein Hölzchen und auch einen Stein, schiebe beides unter den Schlitz, teste die Türblockade, die sitzt. Hin und wieder muss auch mal was auf Anhieb klappen, freue ich mich kurz.

Unten bei den Seen ist alles ruhig im Flur. Ich habe die freie Duschwahl. Während heiß das Wasser über meinen Schädel rinnt, den Rücken hinab bis an die Zehen, überlege ich, wen ich ins Vertrauen ziehen könnte, zumindest teilweise. Ausschlussverfahren. Greta kommt nicht in Frage, ein Auge auf Luca zu werfen, die würde noch ganz andere Dinge auf sie schleudern. Kurt vielleicht. Je nachdem in welchem Stadium von Liebeskummer er sich befindet. Der Kirmesmensch wäre verschlagen genug auf das Mädchen aufzupassen, doch traue ich ihm nicht. Der hängt ja wahrscheinlich irgendwie mit drin. Beim Einschäumen muss ich an das Geflüster im Transporter denken. Andererseits käme eventuell Bewegung in die Angelegenheit und ich könnte überprüfen, wer mit wem kungelt und ob Luca lügt. Denn irgendwas hatte Udo sicher mit Michael zu mauscheln. Hättest du die Möglichkeit alle Verdächtigen zu verwanzen und dazu ein gescheites Abhörteam, dann könntest du diese brisante Konstellation ›Udo & Luca‹ überwachen. Aber du bist alleine und daher ist das Zusammenbringen zweier nicht vertrauenswürdiger Objekte zu riskant, resümiert Kalle. Wer nicht ahnt, was passieren kann, wenn man einen Furz mit einer offenen Flamme in Berührung bringt, sollte den Versuch unterlassen, fügt er an. Ganz schön auf Zack der Junge am frühen Morgen. Abspülen. Der Schaum fließt an mir runter. Rauf, denke ich. Ich könnte mich nach oben wenden, nein, nicht betend, ich denke da an Jörn. Jörn scheint mir integer. Er ist Sozialpädagoge, kennt Alfons und weiß um die Probleme mit solchen Fällen wie Luca. Könnte jemand, der ausschaut wie Günter Netzer ein falscher Fuffziger sein? Ui, beim Abdrehen des Wassers habe ich zuerst den kalten Hahn erwischt. Halbseitig verbrüht werfe ich mich in meine frischen Sachen. Immerhin bin ich den Geruch des brennenden Hauses los, dabei überläuft es mich heißer als eben. Der Gedanke, dass da unten jemand verbrannt sein könnte ...

»Hallo, ist hier jemand?« Ich wickle meine rußigen Klamotten ins nasse Handtuch, trete vor die Tür des Sanitärraums und stehe Jörn gegenüber. Ein Wink des Schicksals.

»Morgenstund' hat Gold im Mund?«, fragt er fröhlich. Mir fällt daraufhin der Spruch mit dem guten Gewissen und sanften Ruhekissen ein. Noch so eine ungeliebte Weisheit aus dem Munde meiner Erzeuger, mit der ich aufgewachsen bin.

»Jörn, kann ich offen mit dir sprechen?«, frage ich und überlege, wie offen ich sprechen kann. Noch immer stehen wir im Eingang zur Nasszelle.

»Klar, solange du keine Lohnerhöhung willst oder bessere Arbeitsbedingungen«, lacht er. Beim Anblick meines Gesichtsausdrucks bleibt ihm der Frohsinn im Halse stecken. Seine Mundwinkel rutschen langsam in ihre Ausgangsposition.

»Ich weiß nicht, wie viel Alfons dir über die Aushilfen erzählt hat, die er dir schicken würde. Ich bin jedenfalls hauptsächlich deswegen hier, um ein Mädchen namens Luca im Auge zu behalten, die ursprünglich den zur Verfügung stehenden Job antreten sollte. Alfons sagte mir, dass ich natürlich auch hier arbeiten soll, doch eben gleichzeitig auf sein Sorgenkind aufpassen muss. Doch wie du gemerkt hast, kam nur ich an und mir schien es, als hättest du nur eine Person erwartet«, ich mache eine abwartende Pause, in der ich mir mit dem jetzt leicht gräulichen rosa Puschelgummi die Haare zusammenbinde. Jörn ist ganz Ohr.

»Jetzt ist das Mädel da und hat Probleme mitgebracht und sie sieht nicht so aus, als wolle oder könne sie nützlich sein. Ich will sie Alfons übergeben, soll er sich drum kümmern, denn ich brauche diesen Job hier. Ich bin kein Sozialarbeiter, wie du weißt.«

Jörn scheint ungeduldig zu werden und fragt: »Und?«

»Ich brauche zunächst einen Schlüssel für den Hungerturm, damit ich sie festhalten kann, solange sie schläft. Sie kommt nicht raus und ihre Probleme können nicht rein. Ich kann weiter arbeiten, ohne sie ständig bewachen zu müssen und jetzt, wo du Bescheid weißt, könntest du auch hin und wieder Richtung Hungerturm schauen.« Nun ist es raus. Bin gespannt, ob er sich mit der Sparversion der Story zufrieden gibt. Ich auch, flüstert Kalle. Der Advokat guckt in die Luft.

»Nein, ich denk ja gar nicht dran. Hast du überhaupt die leiseste Ahnung, was hier abgehen wird die nächsten Tage?« Er will keine Antwort. Jörn saugt den Sauerstoff aus der Luft um mich herum auf und sein Donnergrollen schwillt bedrohlich an.

»Wir sind ausgebucht und ab heute Nachmittag kommen die Händler. Die Mittelalter-Workshopleiter beginnen ihre Vorbereitungen und das Organisationsteam inspiziert die Burg. Am liebsten würde ich euch von hier verbannen. Ich brauche Leute, die jetzt mit anpacken und bedingungslos ihren Mann stehen. Ich kann mich nicht um Resozialisierungsmaßnahmen kümmern. Nicht jetzt, nicht ...« Die letzten Reste des Sauerstoffs verschwinden in Jörns Lungenflügel und er fängt zu stottern an, wobei er stoßweise ausatmet.

»Nein, nicht. Nie mehr. Das ist nicht möglich. Alfons soll mich bloß damit in Ruhe lassen. Alfons! Schon wieder. Ich hätte es ahnen müssen. Wenn ich den zu fassen kriege ...« Beinahe zitternd vor Aufregung will Jörn mich stehen lassen. Doch ich brauche wenigstens den Schlüssel. Du scheinst bei ihm einen Punkt angerührt zu haben, der ihn tief bewegt, meint der Advokat erstaunlich sensibel. Bevor ich etwas sagen kann um Jörn aufzuhalten, dreht dieser sich noch einmal zu mir um.

»Den Schlüssel kannst du haben und du kannst auch telefonieren. Ich rate dir, ruf erst die Polizei an und dann Alfons. Wenn sein Schützling was mit dem Feuer zu tun hat, dann zieh dich warm an ... wäre nicht das erste Mal, dass jemand, der helfen will, selbst auf der Anklagebank landet.« Letzteres sagt er mehr zu sich und im Davongehen. Draußen im Hof steht der Bäckerbürgermeister mit den frischen Brötchen.

38

Na, das ist ja nun ordentlich schief gegangen, meint Kalle kopfkratzend. So ein vermaledeiter Mist! Nicht nur, dass ich mit seiner Unterstützung nicht rechnen kann, jetzt weiß er auch noch Bescheid. Ich fühle mich einerseits um hundert Jahre gealtert, andererseits wie ein kleiner, dummer Junge. Kennen Sie so ein Gefühl? Ich werfe mein Bündel in die nächste Ecke. Nun reiß dich mal am Riemen, aha, mein Vater, gleich spricht er noch aus meiner Erinnerung: Du willst doch mal ein Mann werden. An welchem Riemen soll man reißen, fragte ich mich als Kind. Als Jugendlicher kam ich zur Erkenntnis: verdammt, tut das weh. Schluss mit dem Selbstmitleid, appelliert ein Rest Widerstand in mir. Ich werde mein Bestes geben. Jawoll. Ich werde die Göre ausliefern, meinen Job gut machen und weder mich noch sonst jemanden enttäuschen. Wie naiv bist du denn, fragt der Advokat. Er hat recht. Das blaue Biest wird mir auf jeden Fall Ärger machen und mich bei der Polizei anschwärzen. Mit dem Alarmieren der Ordnungshüter hat Jörn auch nicht ganz unrecht. Es muss ja nicht der hiesige Polizeiapparat sein. Auf die Art könnte ich uns – ich sage schon ›uns‹, soweit ist es gekommen – ich könnte dafür sorgen, dass die Mustang-Typen verschwinden. Die Hamburger Polizei sucht sie schließlich. Ein vages Konzept ist besser als kein Konzept. Brötchen ausladen und Schlüssel besorgen. Meine Augenbraue beginnt zu zucken. Das kenne ich doch irgendwoher. Damals war es nur das Augenlid.

Nachdem die Brötchen in der Küche sind, wirft Jörn mir wortlos einen dicken, eisernen Schlüssel hin. Ich schnappe mir eine Flasche Kakao, zwei Brötchen und gehe zum Turm. Luca liegt da und schläft wie ein Engel. Leise stelle ich ihr das Frühstück hin und schließe die Tür von außen ab. Was ist, wenn sie mal muss, fragt Kalle. Irgendwo da drin war doch ein Eimer, soll sie den nehmen. Eilig renne ich zur Küche zurück. Warum rennst du denn immer, will der Advokat wissen. Ich kann mir Kurt nicht auch noch zum Gegner machen. Schließlich ist mit Jörns Wohlwollen mir gegenüber nicht mehr zu rechnen. Als ich leicht aus der Puste oben ankomme, rumort Kurt bereits in der Küche. Er gießt Säfte und Milch in Karaffen.

»Na, auch schon aus der Koje?«, begrüßt er mich fröhlich. Ob er Glück gehabt hat bei der Elfe? Ich frage das lieber nicht.

»Hast du mitbekommen, was im Dorf heute Nacht los war?«, will ich beiläufig wissen, schnappe mir einen Lappen und wische eine Milchpfütze auf.

»Nee, nur dass es gebrannt hat. Udo weiß sicher mehr. Der weiß immer, was hier so gehauen und gestochen ist.« Kaum erklingt sein Name, taucht der Kirmesmensch schon auf. Lautlos schwebt er quasi zur Tür herein und gießt sich einen Kaffee ein. Kurt gibt meine Frage an Udo weiter und der erzählt was von Brandstiftung. Dabei guckt er mich schäl an. Knochen habe die Polizei gefunden. Tierische, aber auch andere. Mir gefriert das Blut in den Adern, zumindest das, was nicht in meinen Kopf schießt. Damned! Du musst jetzt was tun. Tu was! Agiere, statt zu reagieren. Ich wringe den vollgesogenen Lappen in der Spüle aus. Mit gegangen, mit gehangen. Phrasen, nichts als Phrasen durchjagen meine Gehirnwindungen auf breit gefahrenen Spuren. Stopp, bremse ich das Gedankenkarussell, das der Kirmesmensch mit nur einigen Worten ins Rotieren gebracht hat.

»Einer muss ins Dorf runter und beim Bäcker sechs Mischbrote holen. Hat er wohl vergessen«, dringt Kurts Stimme wie durch Watte zu mir.

»Kann ich machen«, biete ich mich an und hoffe, auf dem Weg eine Telefonzelle zu finden. Eilig trockne ich meine Hände ab.

»Nicht so hastig«, hält Kurt mich zurück, »du musst den Bäckerwagen einholen, wahrscheinlich steht er noch beim Imbiss. Da trinkt der Meister gern einen Kaffe auf'n Schnack. Nimm das Rad mit dem Korb am Lenker, das findest du in der Nische im Torbogen«, ruft Kurt mir noch nach, während ich schon halb aus der Küche bin. Ich rufe noch ein Jou und mir fällt ein, dass eine der Linas die Handynummer der Mustangkerle notiert hatte. Ich muss am Büro vorbei. Hoffentlich ist es offen und verwaist.

Jörn ist da. Mist. Ich sehe ihn gähnend hinterm Schreibtisch sitzen. Irgendwas muss ihn da weg locken. Im Flur um die Ecke steht ein Mülleimer. Ich werde ihn krachend umstoßen. Einen Versuch ist es wert. Nachdem ich den Eimer durch den Flur gekickt habe, husche ich schnell in einen abzweigenden Gang. Vom Lärm aufgescheucht, kommt Jörn aus dem Büro gerannt. Ich flitze schnell hinein, reiße gleich das ganze Blatt vom Block der Schreibtischunterlage. Nix wie raus. Mit großen Schritten verlasse ich zügig die Burg. Was hat Kurt gesagt, Nische im Torbogen. Tatsächlich, hier steht ein Rad. Ein anachronistisches Teil. Retrolook, würde man sagen. Ich habe keine Wahl, zumindest bergab werde ich schneller sein als zu Fuß. Ich schwinge mich auf das goldene, mit Prilaufklebern der 70er Jahre verzierte Klapprad und eiere den Berg hinab.

39

Das abgebrannte Haus ist mit Polizeiband abgesperrt und zwei Wehrmänner halten Feuerwache. Vielleicht könnte ich von ihnen auf dem Rückweg mehr erfahren. Unten im Dorf sehe ich den Bäckerwagen hinterm Imbiss stehen. Die Tür zur Küche steht offen. Einen Guten-Morgen-Gruß rufend, trete ich ein. Die Hausherrin in bunter Kittelschürze stellt sich mir mehr breit als hoch entgegen.

»Ich komme von der Burg und suche den Bäckermeister.« Mein unsicheres Lächeln verschafft mir Sympathiepunkte und lässt bei der resoluten Frau Mütterlichkeit aufkommen. Freundlich bittet sie mich herein.

»Einen Kaffee für den ausgebeuteten Lakai.« In der Stube wird gelacht. Mir scheint, als habe der Burgherr einen gewissen Ruf. Ich werde meine Bestellung an den Bäckersmann los und bekomme eine Tasse dampfenden, schwarzen Kaffee. Ohne weiter auf mich zu achten, setzen der Imbissbetreiber und der Bäckerbürgermeister ihr angeregtes Gespräch fort. Der Bürgermeister hat eine Menge zu erzählen, denn er ist auch Zugführer bei der freiwilligen Feuerwehr. Brandstiftung, ja, da sei man sich sehr schnell einig gewesen. Die Kanister seien nicht zu übersehen gewesen. Doch dann – so etwas habe er noch nie zu Gesicht bekommen – an einer Leiter hätten Knochen gehangen, und draußen die merkwürdige, blutige Wanne im Garten. Die Spezialisten von der Kripo hätten schnell festgestellt, dass hier jemand abgeschlachtet worden sei. Das imaginäre Bild vom Toten, der mit gespaltenem Schädel aus der Wanne kriecht, wird in mir wieder lebendig. Der Bürgermeister genießt die erwartungsvolle Stille und das Entsetzen in den Gesichtern der Zuhörer.

»Ein Wildschwein, ha«, löst er die Spannung, »das aus Fitties Gemüsegarten, was jetzt wohl in seiner Tiefkühltruhe liegt.« Allen war klar, dass der Auftragskiller in diesem Fall auf den Namen Udo hört und dass das alte verlassene Haus sein heimlicher Zerlegebetrieb gewesen sein muss.

»Aber, das ist ja noch lange nicht alles«, fährt der brötchenbackende Feuerwehrmann und Bürgermeister in der Schilderung der Ereignisse fort. Es sei eine weitere schaurige Entdeckung gemacht worden. Er selbst habe es nicht mit eigenen Augen gesehen, doch Feuerfred, der sei hautnah dabei gewesen, beinahe drüber gestolpert.

»Ich sage euch, ich habe den roten Teufel noch nie so kotzen sehen. Wir mussten einen Sanitäter rufen. Gesagt hat Feuerfred erst mal nichts. Konnte er gar nicht. Er hat nur gewürgt. Dann hat er immer wiederholt ›Der war schon tot‹. Ruckzuck hatte die Polizei dann den Keller abgeriegelt und ebenso schnell kamen Männer in weißen Anzügen und haben Spuren gesichert. Wie im Fernsehen. Es ist von einem Toten die Rede.«

Die Köpfe der Zuhörer neigen sich dem Bürgermeister zu, der mit dem Fortschreiten der Erzählung immer leiser geworden ist. Er kenne Feuerfred nun schon seit seiner Kindheit und wisse, dass er schon einiges mitgemacht habe.

»Ihr wisst doch noch, die Geschichte damals mit seinem Vadder«, ich betrachte den Boden meiner leeren Tasse. Die nette Frau beugt sich ein wenig zu mir und sagt leise: »Fred hat damals seinen Vadder vom Dachbalken abgeschnitten. Seitdem ist er so, wie er ist.« Ich nicke, als wüsste ich, wie man dann ist.

»Nä, so habe ich ihn noch nie erlebt. Irgendwas muss komisch gewesen sein bei dem Fund. Ein normales Brandopfer hätte Feuerfred nicht derartig zugesetzt.« Der Erzähler greift sich sein Bäckerschiffchen vom Tisch und rückt es auf dem kahlen Schädel zurecht. Fassungsloses Schweigen.

»Ich habe den einen Kriminalen was sagen hören, während er mit seiner Leitstelle sprach. Er sagte was von Mordopfer und Feuer zur Vertuschung eines Verbrechens.« Mir wird schlecht. Wenn die Spurensicherer da rumsichern, werden sie auch von mir Spuren finden.

»Was denn für ein Kriminaler? War der Wolle nicht da?«, fragt der Imbissbetreiber. Wolle steht für Wolfgang Groß und das steht für übelste Erinnerungen an meine Zeit mit dem Schulfeind.

»Ne, der hat sich doch Urlaub genommen und ist auf seinem Bau. Der hätte doch im Lebtag nicht die Kripo und mit ihr das ganz große Besteck aufgefahren. Ne, der nicht. Der Kriminaler war neu. Der muss sich erst mal bei mir vorstellen«, erläutert der Bürgermeister. Aus langjähriger Erfahrung als Feuerwehrmann wisse er, dass sich die Spurensicherung bei Bränden als schwierig erweise, kommt er auf das Ereignis der vergangenen Nacht zurück. Wenn Benzin oder andere Brandbeschleuniger ins Spiel kämen, würde die komplette Untersuchung noch aufwändiger und teurer, könne er sich vorstellen. Andere Temperaturen, andere Verläufe und dann das Asbest. Er wolle nicht wissen, welche Gifte alle frei gesetzt worden seien.

Ich bedanke mich für den Kaffee, lasse mir die Brote aushändigen, bekräftige mein vages Konzept und beschließe, die Polizei zu alarmieren. Anonym. Wenn das stimmt, was der Mann da eben sagte, habe ich vielleicht etwas Zeit gewonnen und kann verhindern, dass Luca mich glaubhaft belasten kann, indem ich sie drankriege. Nur wie? Ich verabschiede mich, schultre den Brotkorb und wende mich zum Gehen.

»Hey«, werde ich zurückgerufen, es ist der Bäckermeister, »du gehst doch wieder zur Burg, ne?« Ich nicke. »Gib bitte meinen Leuten die Brötchen hier, dann brauch ich nicht noch mal hoch.« Der Mann reicht mir zwei Frühstücksbeutel. Die dick belegten Brötchen tragen die Handschrift der Imbissbudenfrau.

»Sicher«, entgegne ich. Doch zuerst zur Zelle. Ich finde eine an der Hauptstraße am anderen Ende des Ortes und hätte nicht gedacht, dass ich für dieses klapprige Rad so etwas wie Dankbarkeit empfinden könnte. Kartentelefon. In meinem Portemonnaie müsste ein Kärtchen stecken. Ein Tankstellenkunde hatte es liegen lassen. Ich hoffe, dass das Ding noch nicht abgelaufen und genügend Guthaben drauf ist. 1,80, Glück gehabt.

Von der Auskunft lasse ich mich gleich mit der Polizei in Hamburg verbinden. Standhaft verweigere ich meine Personalien und erzähle, dass ich die zwei gesuchten Zeugen im Mordfall um einen Kapitän im Ort Freusburg an der Sieg gesehen habe. Sie hätten sich in der Nähe eines brennenden Hauses aufgehalten. Ich beschreibe noch den Mustang, damit sie mich nicht für einen Wichtigtuer halten, der sich mit dem in Gang setzen des Polizeiapparates eine Freude machen will. Schließlich leiere ich noch die Handynummer vom Schreibunterlagenblock runter. Schnell auflegen. Mir kommen Filmszenen in den Sinn, in denen die Kriminaltechniker ruckzuck raus haben, von wo telefoniert wird, und sie schon mit Handschellen klappernd hinter der Person stehen, die soeben aufgelegt hat. Auf ähnliche Weise kann man auch Handys anpeilen.

40

Die Frikadellenbrötchen sind mein Schlüssel ins Vertrauen der Wehrmänner. Eventuell erzählen sie mir ja was zu dem Toten und den näheren Umständen.

Mit Broten und Brötchen am Lenker schiebe ich das Rad an der Ruine vorüber und mein suchender Blick findet die Männer an der Rückseite des Hauses, durch dessen Balkengerippe man hindurchschauen kann. Die Feuerwache freut sich sehr über das Frühstück. Ich setze auf ihr Mitteilungsbedürfnis. Denn wann passiert schon mal so etwas Aufregendes in dieser ländlichen Idylle?

»Das sieht ja schlimm aus«, eröffne ich und bekunde mein Interesse.

»Euch ist doch hoffentlich nichts passiert. Ist bestimmt ein gefährlicher Job und bestimmt sieht man Sachen, die einen dann wochenlang nicht mehr loslassen ...«

Die beiden Männer nicken kauend und erzählen mir von Verkehrsopfern, von denen sie Gliedmaßen suchen mussten. Das wäre ihnen damals ordentlich auf den Magen geschlagen. Sogar der Ehering sei noch dran gewesen am abgerissenen Finger auf der Kuhweide. Sagens und beißen genüsslich ins Frikadellchen. Was dem Feuerfred so zugesetzt hätte, wüssten sie zu gerne. So hätten sie den noch nie speien sehn.

»›Mach auf! Ich krieg keine Luft. Bitte!‹, hat er zu Beginn geschrieen und dann nichts mehr. Als sein Magen so leer war wie sein Kopf hat er immer gestammelt ›Der war schon tot‹. Wie er das meinte? Darüber denke ich die ganze Zeit schon nach.«

»Na, vielleicht war das der Mieter, der hat doch im Keller ohne Genehmigung rumgegraben. Ich hab den schon länger nicht mehr gesehen. Wäre doch möglich, dass der dort verschütt gegangen ist«, mutmaßt sein Kollege.

»Das Haus sollte verkauft werden. Der Besitzer war lange nicht mehr hier. Der ist jetzt was Besseres. Arzt in einer großen Klinik, habe ich gehört. So ein Mineraliensammler von auswärts wollte die Bruchbude haben«, erwidert der andere.

»Klar, wer von hier würde das marode Teil auch kaufen wollen? Wäre man ja schön blöd.« Beide nicken und kauen, ich verabschiede mich und spute. Ich kann nicht noch Ärger mit Kurt gebrauchen, der aufs Brot wartet.

»Hast du Feuerfred jemals schreien hören?«, fragt der eine den anderen.

»Verlaufen?«, geht der Burgkoch mich auch gleich an, als ich abgehetzt die Küche erreiche.

»Sag mal«, kommt er versöhnlich nah an mich heran und zwinkert, »hast du einen Tiger im Turm?«

Ich zucke unschuldig nichts ahnend mit den Schultern.

»Mir kannst du's ruhig sagen«, sein Grinsen wird immer breiter. Udos Auftauchen entbindet mich von einer Antwort.

Unterm Schnauzbart des Kirmesmenschen kommt eine Anweisung hervor: »Du sollst mir helfen. Holz sammeln, sägen und stapeln.«

»Komme sofort«, sage ich zu Udo, der wieder verschwindet. Woher weiß Kurt von der Gefangenen?

»Also, du meinst, ich könnte dir vertrauen?« Kurts Bartzopf wippt eifrig auf und ab und ich überlege, ob ich es wagen kann, nachdem ich bei Jörn so reingefallen bin. Doch Kurt ist ein Seemann und leichte Stürme sind für ihn eine Herausforderung, rede ich mir zu, der ich dringend Hilfe brauche.

»Okay. Woher weißt du von der Raubkatze?«

»Ich hab sie kratzen hören und mich gewundert. Dann sah ich blaue Augen voller Angst und hab gedacht, dass ich dich erst mal frag, bevor ich dir die Bullerei auf den Hals hetz, wegen unzureichender Unterbringung exotischer Tiere oder so.« Kurt zeigt sich sehr umsichtig.

»Im Turm ist ein blaues Mädchen«, Kurt guckt belustigt und mit einem Auge strafend. Ich habe keine Ahnung, warum Kurt mir in meiner Situation helfen sollte, doch ich habe kaum etwas zu verlieren. Wenn mein bisschen Menschenkenntnis mich nicht trügt, dann hat der Schiffskoch eine romantische Ader und einen damit verknüpften, leichten Hang zum Abenteuer. Ich erzähle ihm, worum es geht, natürlich nur so viel, wie nötig, und bitte ihn ein Auge auf den Turm zu haben. Besonders betone ich, wie wichtig es für mich persönlich ist, dass dem Mädel nichts geschieht und dass Jörn sowie die Polizei aus alledem herausgehalten wird.

»Ach, der Wolle, so eine Flachpfeife ...«, fällt Kurt

zum Wort Polizei ein. Das stimmt mich positiv. In mir keimt die Hoffnung, dass Kurt mir helfen wird.

»Sag mal, der Alfons, ist das so ein dunkler Typ?«, fragt er und ich gebe ihm eine Beschreibung.

»Weißt du was, den hab ich gesehen, am Sonntag, als du hier ankamst, da lungerte einer auf der Bastion herum. Idefix hat ihn zuerst gesehen. Der Mann stand hinterm Baum. Ich glaub, der wollte nicht gesehen werden.« Ich bedanke mich bei Kurt, bitte ihn um absolute Verschwiegenheit und um Obacht.

»Schon gut«, wiegelt er ab. Lass ihn nicht zum Nachdenken kommen, dann überlegt er es sich noch anders, rät Kalle, der sich mit Überredungstechniken auszukennen scheint.

»Weißt du, wo ich mal ins Internet gehen könnte?«, frage ich ihn schnell, bevor ich meinen Dienst bei Udo antrete und Kurt anfangen könnte, sich mit seiner Entscheidung, mich zu unterstützen, unbehaglich zu fühlen. Er sagt mir, dass er einen alten Computer hat, mit dem sollte das wohl klappen, probiert habe er das aber noch nie. Wir verabreden uns zur Mittagspause auf seinem Zimmer im Tropfsteinhöhlenflur.

41

Udo lässt mich den ganzen Morgen im Wald übel schuften. Früher hatten die Menschen Gäule fürs Stämmerücken, heute bedient man sich billiger Arbeitskräfte. Immerhin kann ich auf die Art keinen Gedanken an meine eigentliche Misere verschwenden. Die wird mir erst wieder in dem Moment bewusst, als ich austrete. Luca muss bestimmt auch mal pinkeln. Zur Not hat sie den Eimer. Außerdem fällt mir ein, dass ich mein Wäschebündel in eine Ecke des Duschraums geschleudert habe. Oh, Mann! Hoffentlich sind meine Klamotten noch da. Als ich zu den Nasszellen des Seenflurs komme, höre ich gerade eine ältere Putzkraft zur anderen sagen: »So eine Sauerei. Guck dir das mal an. Da hat doch einer tatsächlich seine Dreckwäsche hingeknallt!« Angewidert stochert die Frau mit dem ausgestreckten Schrubberstiel in meinen Textilien.

»Wo?«, frage ich bestürzt, als ich die Sprecherin erreiche. Die Reinemacherin hat sich meine jetzt quatschnasse Hose geangelt und hält sie strafenden Blickes in die Höhe. Platsch, nun liegt sie in einer leicht schaumigen Pfütze neben dem Siffon.

»Na so was«, wundre ich mich, während ich mich entschlossen und hektisch ans Aufsammeln mache,

»da muss mir jemand einen üblen Streich gespielt haben!«, presse ich wütend heraus, während ich gebückt um die krampfadrigen Beine der brüskierten Person herum meine Sachen aufpicke. Heiner, dass du das nötig hast, jetzt zu lügen, kommt die mahnende Stimme meiner Grundschullehrerin in mir hoch, als ich mein Mäppchen schlicht vergessen hatte, aber ihr erzählen wollte, dass ich überfallen worden sei. Es muss der demonstrative missbilligende Ton aus weiblichen Mündern sein, der mich dazu veranlasst.

»Das ist wirklich unglaublich«, setzte ich noch einen drauf, während ich das nasse Zeug etwas von mir weg halte und sich meine Augen kaum von dem dunklen Mal am Kinn der Putzfrau trennen kann. Da sprießen sogar Haare raus. Kalle wird meine Vorstellung schon peinlich. Geh, raunt er eindringlich. Ohne ein weiteres Wort verlasse ich die Bühne. Ich weiß zwar nicht, ob ich eine der Waschmaschinen benutzen darf, aber das Risiko eines Anschisses muss ich eingehen. Hinten links ist eine Maschine frei und ich stopfe alles in die Trommel, kippe etwas Pulver direkt rein, wähle das 30°-Programm, Wasser Marsch und zurück ins Gehölz.

Kurz vor der Mittagspause reißt die Kette von Udos Motorsäge. Ich nutze die willkommene Zwangspause und schau im Turm vorbei. Kaum dass ich den Kopf zur Tür reinstecke, schleudert das blaue Biest mir eine Wasserflasche entgegen. Ich kann die Tür schnell genug wieder schließen. In knappen Worten erzähle ich ihr, was ich angeleiert habe und dass es wichtig sei, dass sie friedlich im Turm bleiben solle, bis die Kerle aus dem Mustang kassiert seien. Von dem Toten in dem brennenden Haus sage ich erst mal nichts. Sie verlangt eine Dusche und ein Klo. Sie kann wählen: Eimer oder Baum. Sie will raus. Die will abhauen, warnt Kalle.

»Entweder du singst oder ich muss zugucken«, stelle ich sie vor die zweite Wahl.

»Hast du auch noch einen Liedwunsch?«, giftet sie zurück.

»Es klappert die Mühle am rauschenden Bach …« Sie gibt einen fauchenden Laut von sich. Ich weiche nicht von der Tür, bis sie zu singen beginnt.

»Oh Lord, won't you buy me a Mercedes Benz …« Ich muss staunen, sie hat eine tolle Stimme. Nachdem blue Janis Joplin um ›a night at the town‹ gebetet hat, sperr ich sie wieder ein. Duschen könne sie später. Als ich die Tür verriegle, fliegt die Flasche wieder hinter mir her. Die ist ja vollkommen gestört, konstatiert Kalle. Nachdem ich mich ordentlich bei Udo abgemeldet habe, der immer noch dabei ist die Säge zu reparieren, lasse ich das Mittagessen zu Gunsten eines Besuchs im World Wide Web sausen. Kurt ist schon vor Ort und hat den Computer hochgefahren. Das Ding ist noch eine Spur langsamer als mein altes Möhrchen. Nach sieben Anläufen sind wir online.

»Ich esse lieber in echt, statt virtuell, bis nachher«, verabschiedet er sich.

Zuerst suche ich auf den Seiten des Norddeutschen Rundfunks nach dem toten Kapitän und werde fündig. Neuigkeiten zum Fall haben sie nicht zu vermelden. Die Seite weist mit einen Link zu einer anderen Adresse, die über Walfang berichtet. WWF und Greenpeace helfen mir nur insofern weiter, als dass ich dort erfahre, mit welchen Mitteln und unter welchem Vorwand einige Staaten den Walfang rechtfertigen. Forschungszwecke. Amber ist nur in einigen wenigen Gedärmen von Pottwalen zu finden und ein Pottwal kann bis 400 kg von der Masse enthalten. Aha, das hat Luca genau so gesagt. Was die Verwendung des Darmsteins anbelangt, erfahre ich hier nicht. Ich google eine andere Seite, die über den Einsatz von Amber schreibt. Zunächst übelriechende Masse, die von Walen ausgeschieden wird und im Kontakt mit Sonnenlicht und Sauerstoff die duftenden Aromen bildet. Die Verarbeitung des Ambers in edlen Parfüms ist aufwendig, steht da weiter. Heute nur noch synthetisch, nur noch selten, nur noch in Edelparfüms, immer noch wahnsinnig teuer. Eine weitere tierische Duftnote entstammt einer Drüse des Bibers und nennt sich auch so: Bibergeil. Das Wort aus dem Kleingedruckten in dem Pamphlet meiner Dufttests. Bah. Kalle kichert. Noch teurer als Amber ist der Duftstoff Moschus, heißt es. Ein Kilo des Sekrets, das in der asiatischen Medizin als unverzichtbar gilt, kostet rund 50.000 Euro. Bei Moschus, was auf Hindi so was wie Hoden bedeute, laut meiner Ex, muss ich an sie denken. Marie versprühte den Geruch in unserer Wohnung. Als ich nach Hause kam, fand ich sie nackt auf dem Bettvorleger sitzend, ›Ohm‹ summend, im festen Glauben, alle meine Sinne würden dadurch angeregt. Der visuelle Reiz hätte genügt, gab ich ihr anschließend Auskunft.

42

Was die Details über Amber betrifft, hat Luca also nicht gelogen. Ich gebe als nächstes Stichwort ›illegaler Walfang‹ ein und lande wieder bei Umweltschützern. Es geht um das Wer und Wo und darum, wie die Wale geschlachtet werden. Harpunen mit Sprengsätzen werden erwähnt, was aber eine Menge zerstörtes Fleisch mit sich bringt. Das lässt mich an den toten Kapitän denken. Zurück zu den Parfüms. Ich klick mich auf die vorherige Seite. Dort ist ein Kasten mit weiteren Ausführungen zu dem Themenkomplex rund ums Riechen. Ein Blick auf die Uhr verrät mir, dass ich noch ein bisschen Zeit habe. Ein weiterer Blick lässt mich die Frage aufschnappen: Gibt es Pheromone beim Menschen? Ja, aber in geringen Mengen. Der Mensch habe andere Rituale und zudem die Sprache. Obwohl, viel gesprochen wurde bei Marie und mir nicht, zumindest nicht von meiner Seite aus. Schon gar nicht über Sex, geschweige denn währenddessen. Mein Opa benötigte nur eine Silbe, um meiner Oma klarzumachen, dass der Fernsehabend endete und das Bett wartete: Öm. Was so viel heißt wie: Um. Was bedeutet, man wolle sich umlegen im Sinne von Hinlegen, nicht Flachlegen oder so was, einfach nur hin, sonst nichts. Der Mensch müsse sich also nicht mit Duftmarken verständigen, so die Meinung der Verfasser.

Ob mich ausgerechnet Bibergeil attraktiver macht? Was haben Frauen mit Nagetieren oder Paarhufern zu schaffen? Heiner, du schweifst ab, mahnt der Advokat. Inwieweit wir uns von oder an der Nase herumführen lassen, ist subjektiv und variabel. Fest steht, dass wir durch die Zeit bestimmt werden, doziert er. Kurt steht puddinglöffelnd in der Tür und sagt an, dass die Pause um sei.

»Hier«, Kurt reicht mir eine warme, mit Alufolie abgedeckte Schüssel, »ein bisschen Futter für den Tiger. Heute Nachmittag gibt's Pflaumenkuchen.« Ich bedanke mich und gehe zum Turm. Auf dem Weg dorthin höre ich den Mustang aus dem Tal heraufkommen. Das darf doch nicht wahr sein! Von Hamburg bis ins Siegerland braucht man bestimmt fünf Stunden. Sollte die Hamburger Polizei meinen Tipp ernst nehmen und sich direkt auf den Weg gemacht haben, dann könnte sie bereits hier sein. Wenn die dich ernst genommen haben, wirft der Advokat bedenkend ein, dann brauchte es nur einen Anruf und die Amtshilfe der hiesigen Ordnungsmacht, schätze ich mal.

»Ich komm jetzt rein und bringe dir was zu essen mit«, rufe ich durch die geschlossene Tür des Turms. Vorsichtig, in Erwartung eines weiteren Wurfgeschosses, betrete ich das Rund. Luca sitzt auf dem Boden und meditiert, als könne sie kein Wässerchen trüben. So sah ich Marie auch oft sitzen, bevor sie dann aus ihrer kontemplativen Versenkung auftauchte und damit begann auf mir herumzuhacken, nur weil ich mit meiner skeptischen Aura ihre spirituellen Kreise störte.

Der Duft von Bratkartoffeln übt eine besänftigende Wirkung auf Luca aus und mit Appetit macht sie sich darüber her. Mein Magen knurrt, meine Braue zuckt und von draußen ist Tumult zu hören.

»Von da oben kannst du rausgucken«, nuschelt Luca, den Mund voller heißer Kartoffeln, dabei klingt sie richtig siegerländisch.

Ich schließe die Tür ab, bevor ich vom Bett auf eine Kommode steige, um aus einem schmalen Ritz zu spähen. Die klapprige Kommode wankt beträchtlich unter meinem Gewicht. Durch den Mauerritz kann ich zum Eingang zwischen Parkplatz und Burghof blicken. Lautes Gebrüll macht deutlich, dass sich die Mustangfahrer fett auf einen Platz gestellt haben müssen, den sich zuvor ein Händler ausgeguckt hat, um dort seinen Stand aufzubauen. Der Händler, die einzelnen Worte seiner sich überschlagenden Stimme sind kaum voneinander abgrenzbar, hüpft um die Mustangmänner herum wie Rumpelstilzchen. Wenn er so weiter springt, hat er gleich einen kleinen Graben um die beiden gewetzt. Die zwei Kerle stehen nur da, dicht beieinander, fast Rücken an Rücken und lassen den kleinen Mann toben. Während sich die Szene vor aller Augen abspielt, treten zwei weitere Männer, komplett in schwarzer Kleidung, in den Schatten des Torbogens. Die Mustangkerle achten nicht auf sie, sie starren weiter auf den tobenden kleinen Händler, der dazu übergegangen ist, beide in Mittelhochdeutsch zu betexten. Das könnte eine Art Ablenkungsmanöver sein, schießt mir durch den Kopf.

»Willst du auch was?«, schmatzt Luca. Da von mir keine Antwort kommt, höre ich sie die Schüssel auskratzen.

Die Mustangkerle schauen sich gerade an, um sich über ihr Vorgehen zu verständigen und just in dem Moment, als sie den kleinen Mann packen wollen, springen die Männer aus dem Schatten hervor, es klimpert und klickt und die beiden Polizisten, da bin ich jetzt sicher, haben die Mustangs am Wickel. Der kleine Händler hört sofort auf mit dem Gehopps, guckt verdutzt und schleicht sich davon. Heiner, den müssen wir im Auge behalten, meint Kalle.

Ich bin vor Anspannung im Hinblick auf die Ereignisse und aufgrund der wackligen Kommode halb steif geworden. Mein Versuch, wie ein durchtrainierter Spezialagent von der Kommode zu steigen, gerät nur ungelenk. Krachend gibt das morsche Teil unter mir nach und ich lande sicher auf dem Bett. Irgendwas Hartes hat sich in meinen Allerwertesten gebohrt. Verflixt, tut das weh. Jetzt bloß nicht heulen. Ganz so, als ob nichts gewesen wäre, rolle ich mich herum, hieve mich in Sitzposition auf meine heile Hälfte und schaue voller Triumph, bilde ich mir ein. Luca spuckt mir vor Lachen prustend beinahe die letzten Bratkartoffeln ins Gesicht. Mein böser Blick befiehlt ihr sofort zu verstummen. Wenigstens das war überzeugend, denn die Blaue hört abrupt auf und schlägt sich die Hand vor den Mund, ganz so, als könne sie die zuvor ausgestoßenen Töne und Brocken wieder einfangen. Leise verharren wir. Hoffentlich hat niemand den Radau gehört und auf uns aufmerksam gemacht. Denn wenn das Polizisten waren, interessieren sie sich vielleicht für den anonymen Tippgeber. Für die Geschäfte, die die beiden gesuchten und jetzt gefassten Männer hier zu erledigen hatten, und vor allem mit wem, dürften sie sicherlich auch brennend interessieren. Wir sind noch lange nicht aus der Schusslinie. Tastend suche ich nach dem Fremdkörper in meinem Gesäß. Meine Finger erwischen etwas, das sich anfühlt wie der Kopf eines Zimmermannsnagels.

43

»Lakai herbei!«, erschallt ein Ruf aus dem Fenster oberhalb des Boteneingangs. Meine Mittagspause ist schon seit drei Minuten um und der Rufer ist Jörn. Mit dem Nagel im Hintern und der Gefahr auf dem Hof möchte ich mich noch nicht aus dem Turm wagen. Soll er rufen. Ich kann die Zeit nutzen, um mir eine Ausrede einfallen zu lassen, falls er mich nach meiner Zeitverzögerung fragen sollte. Ganz vorsichtig drehe ich mich auf den Bauch und mache Anstalten, mir den Nagel hinten raus zu ziehen.

»Was wird das denn?«, will Luca wissen. Als Antwort erhält sie von mir einen Grunzlaut. Jetzt habe ich ihn, den Übeltäter. Der Nagel steckt schräg unterhalb der Hintertaschennaht in meinem Fleisch. Der Gesell fühlt sich rau an und ich hoffe, dass das sicher rostige Ding nicht zu tief drin sitzt.

»Heijeijei«, lässt Luca vernehmen, die sich über mich beugt und mit einem Ruck das Ding aus mir herauszieht. Ich grunz noch einen Ton, diesmal in die Matratze.

»Glück gehabt«, sagt sie und hält mir das kleine Stück Alteisen unter die geschundene Nase. Ein Zimmermannsnagel sieht anders aus, meint der Advokat herablassend.

Die doppelt genähte Taschennaht hat ein tieferes Eindringen in meine Sitzfläche verhindert und so ist nur des Drahtstifts fünf Millimeter lange Spitze mit meinem Blut benetzt.

»Soll ich pusten?«, fragt das Gör und grinst schief.

»Heiner zum Himmel!«, ruft es abermals aus der Burg. Die ansonsten freundliche Stimme des Herrn hat an Schärfe zugenommen.

In drei und einem halben Satz erzähle ich Luca, was ich gesehen habe und dass die Verfolger aus dem Mustang dingfest gemacht worden sind, es aber noch zu früh für sie sei, sich blicken zu lassen. In ihrem Gesicht spiegelt sich zunächst Freude, anschließend Trotz wider. Der rostige Nagel prallt an die Holztür, die ich entschlossen von außen verriegle. Sehr einfallsreich ist sie aber nicht, frotzelt Kalle über Lucas Vorliebe, mit Gegenständen in meine Richtung zu werfen.

»Herrgottnochmal!«, schimpft Jörn, als ich ihm eilig über die Füße renne, in Richtung Küche, da ich annehme, dass ich den Rittersaal von den Resten des Mittagessens befreien soll.

»Was ist denn hier heute los?«, fragt er hektisch und starrt mich an, als wüsste ich es. Ich starre apathisch zurück, wobei ich all meine Konzentration aufwenden muss, den nötigen Gleichmut auszustrahlen.

»Tschuldigung«, meint er dann und weist mich an, weiterhin Udo draußen zu helfen. Die Standplätze für die Händler und Gaukler müssten vorbereitet werden. Wir gehen ein Stück gemeinsam des Weges, dabei stammelt Jörn vor sich hin: »Erst ein Brand, dann die Polizei im Haus, dazu ein Lakai mit einer Gefangenen, ein Wilderer, ach, der ist ja immer da, eine Horde Kuschler und es folgt ein Aufgebot aus Mittelerde. Ich werde noch wahnsinnig!« Plötzlich stoppt er, packt mich am Ärmel und fragt:

»Ist das alles noch normal? Stelle ich mich nur an? Bin ich nicht mehr belastbar? Zu alt?«

Seine Augen schauen durch mich hindurch, bewegen sich kurz und ruckartig von links nach rechts, von rechts nach links, dabei scannen sie meine Gehirnareale nach aktiven Regionen ab. Ohne dass ich etwas sage, kommt Jörn zu einem Ergebnis:

»Du hast recht. Alles halb so wild. Einfach weitermachen. Wie immer das Beste geben. Die Gäste sollen sich schließlich wohl fühlen. So, jetzt mal ran an die Arbeit!«

Er klöppert mir den bis eben festgehaltenen Arm, schaut aufmunternd in die Luft und eilt davon.

Der ist aber durch den Wind, merkt Kalle an. Schon wieder mit Udo arbeiten, murrt es in mir. Ein gellender Pfiff ertönt. Suchend blicke ich mich um und entdecke Udo, der mir gestikuliert, ich solle bei ihm antreten. Dabei beschreibt seine rechte Hand einen Bogen und der ausgestreckte Zeigefinger weist auf eine Stelle neben seinem matschigen, rechten Stiefel. Ich bin doch kein Hund! Pfiff und bei Fuß. Ich fass es nicht!

Eigentlich verabscheue ich Gewalt, doch in Momenten wie diesen frage ich mich, warum. Du kannst es dir nicht mit ihm verderben, gemahnt der Advokat, der die Fäuste in meinen Taschen sieht. ›Und der

Haifisch, der hat Zähne und die trägt er im Gesicht …‹ Als Udo merkt, dass er meine Aufmerksamkeit erlangt hat, geht er vor, weil er weiß, dass ich hinterhertrotten werde. Oder weil er weiß, dass ich die Hände geballt habe? ›Und MacHeath, der hat ein Messer, doch das Messer sieht man nicht …‹, singt es in mir.

Wir umrunden von außen den inneren Burghof und den Westbau. Im Abstand von drei Metern erreichen wir die Wiese am Fuße des Heinrichbaus und unterhalb der Bastion. Der Untergrund ist aufgeweicht. Geplant sei, dass hier neben einem Händler und einer Wahrsagerin das Zelt eines Ritterordens aus Mecklenburg-Vorpommern aufgestellt werde. Für uns bedeute dies, dass wir die Claims abstecken und Planken auslegen müssen, denn eine deutliche Wetterbesserung sei nicht in Sicht und das Areal bis dahin nicht trocken. Das war bisher die längste Aneinanderreihung von Wörtern zu zwei korrekten Sätzen, die der schnauzbärtige Kirmesmensch an mich gerichtet hat. Bei der gemeinsamen, schweigsamen Schufterei merkt Udo, dass wir auch wortlos gut miteinander arbeiten können. Jeder Handgriff sitzt. Abmessen, Pflock schlagen, Planken ausladen und auslegen. Nach nur rund zwei Stunden sind wir damit fertig und Udo scheint zufrieden. Zumindest nickt er mir zu und meint, ich könne mich jetzt wieder beim Boss melden, wir seien hier fertig. Während ich mich verhalten nickend abwende, klingelt Udos Handy.

»Du sollst mich doch nicht anrufen«, höre ich ihn ins Mobilteil schimpfen.

Zu gerne wüsste ich, wen er da anraunzt und wer die Frechheit und zugleich den Mut aufgebracht hat, ihm zuwiderzuhandeln. Geliebte dürfen nicht anrufen und Komplizen auch nicht, meint Kalle fachmännisch, der sein Wissen ausschließlich aus Krimis bezieht.

44

Auf der Suche nach Jörn begegne ich dem kleinen Händler wieder, der vor Stunden um die Mustangkerle herumgesprungen ist. Mit kleinen Schritten wieselt er auf mich zu, der ich mich auf dem Weg nach oben in die Küche befinde. Wann der Kiosk aufmache, möchte er wissen. Die Frage kann ich ihm nicht beantworten, doch ich weiß, dass dort ein Zettel pappt, wo die Zeiten draufstehen. Er bedankt sich und tippelt an mir vorbei nach unten. Nur Kurt ist in der Küche und er weiß nicht, wo Jörn sich aufhält.

»Hier, trink einen Kaffe«, lädt er mich ein, »und danach kannst du mir beim Deckschrubben helfen.«

»Hast du was von dem Brand gehört«, frage ich im Plauderton.

»Oh, üble Sache das«, beginnt er und seine Augenbrauen kräuseln sich besorgt. Ob ich wusste, dass Michael sich das Haus kaufen wollte. Er hätte zumindest den Vertrag schon unterzeichnet. Da sei er, Kurt, persönlich anwesend gewesen. Wenn Michael den Brief aufgegeben hätte, dann wäre das Pech auf der ganzen Linie. Versichert sei die Bruchbude wohl nicht in ausreichendem Maße, darauf verwette er seinen Bart. Wenn doch, dann hieße das auch nichts Gutes. Ruckzuck stünde Michael dann unter dem Verdacht der Brandsanierung. Siedendheiß fällt mir der Brief ein, den ich unter dem einen Bett hervorgezogen habe. Ich greife mir in die Tasche. Nichts. Kann ja auch nichts drin sein, denn ich habe heute Morgen die Hose gewechselt. Die alte Jeans dreht derzeit ihre Runden im handwarmen Wasser. Dammich. Vielleicht ist in dem Brief der Kaufvertrag. Vielleicht aber auch ein Hinweis zu Michaels Verschwinden.

»Wo ist er eigentlich?«, frage ich.

»Wer«, kommt prompt die Gegenfrage.

»Michael.«

»Ist schon seltsam, dass er so lange weg bleibt«, bemerkt Kurt und zupft an seinem Zöpfchen. Ob ich schon gehört habe, was man sich erzählt, will er anschließend wissen. Ich schüttle den Kopf. Knochen habe man in der Asche gefunden. Knochen von Tieren und Menschen. Kurts Stimme neigt sich zu einem Flüstern: »Und weißt du was?«, fragt er, um die Spannung zu erhöhen. Ich schüttle abermals mein Haupt.

»Die Menschenknochen lagen wohl schon länger da. Die von den Tieren waren frisch.«

»Wie, schon länger?«, will ich wissen.

»Na, schon länger eben. Genau können die das erst später sagen, sagt der Bruno, der war dabei. Bruno ist Feuerwehrmann und hat ihn gefunden, den Toten, nuja, mehr die Reste. Naja, nicht direkt. Bruno hat den Feuerfred gefunden, der neben dem Knochenhaufen kotzte. Mitten im Löschwasserstrahl! Sicher ist wohl nur, dass der Mensch nicht durch das Feuer umgekommen sein kann, sondern schon da gelegen haben muss. Hat wohl merkwürdig da gelegen, sonst hätten die das wohl nicht vermutet. – Was guckst du so froh?«

Mir ist gerade ein Felsbrocken vom Herzen gefallen. Ich bin nicht Schuld daran, dass ein Menschenleben ausgelöscht wurde. Kurt schaut fragend und augenblicklich setze ich wieder eine der Meldung angemessenere Miene auf, die trotz meiner Erleichterung Betroffenheit signalisieren soll.

»Was die Tierknochen angeht, da könnt ich der Bullerei ja einen Tipp geben, doch den Teufel werd ich ...«

»Schwarzkittel?« Ich begebe mich spekulierend aus der Deckung.

»Woher weißt denn du davon?« Kurt hält inne beim Möhrenputzen.

»Die dicken Mauern speichern viel und behalten nicht alles«, versuche ich mich kryptisch auszudrücken um nichts preisgeben zu müssen.

»Als du was auf die Nuss bekommen hast, da haste wohl was mitgekriegt von Udos Nebenbeschäftigung«, reimt Kurt sich zusammen. Ich belasse es dabei und nicke nur.

»War da tatsächlich ein Wildschwein im Koffer? Hast du ihm etwa beim Zerlegen geholfen?«, setze ich nach.

»Nee, nee, wo denkst du hin. Ich hab nur ein Auge zugedrückt, wenn er sich was aus der Küche geliehen hat. – Was ist nun mit deiner blauen Deern?«, lenkt Kurt von sich ab.

»Gut, dass du das erwähnst. Ich muss unbedingt Alfons anrufen.« Ich solle mir keinen Zwang antun, meint er und gestattet mir das Telefonieren vom Küchenapparat aus.

Alfons sei verschwunden, erfahre ich von der Dame aus dem Büro der Einrichtungsleitung. Man mache sich große Sorgen. Seit Sonntag sei er nicht mehr aufgetaucht. Man überlege fieberhaft, wo er stecken könnte und habe auch schon die Polizei alarmiert. Die Werkstatttruppe sei völlig durcheinander. Man wisse nicht, was man noch tun solle. Wer ich überhaupt sei? Der zukünftige Hausmeister, würde ich zu gerne antworten, doch wird mir schmerzlich bewusst, dass Alfons meinen Namen bei der Leitung nicht mal angesprochen haben kann, sonst wüsste die Frau doch mit Himmel was anzufangen. So oft kommt der Name schließlich auch nicht vor. Allerdings, versucht mein internes Motivationsprogramm gegenzusteuern, hast du den Namen der Frau am anderen Ende der Leitung verstanden? Nein, muss ich gestehen. Himmel sei mein Name, wiederhole ich. Ah, ja, Alfons habe in großen Tönen von mir gesprochen und ob ich nicht wisse, wo er sich aufhalten könnte. Ich drücke mein Bedauern aus und verabschiede mich.

45

»Kurt, bist du sicher, dass in dem Koffer nur Wildschwein war?«

»Wie meinst du denn das nun wieder?« Mit dieser Bemerkung habe ich offensichtlich Kurts Zorn geweckt. Er schleudert mir einen stinkenden Schwamm ins Gesicht, schiebt mir Schrubber und einen Eimer Wasser vor die Füße und verlässt die Küche. Oh, so ein Mist! Ausgerechnet dem Kurt musste ich auf die Füße treten.

»Hey«, rufe ich ihm nach und folge ihm, »war doch nicht bö ...«, weiter komme ich nicht, denn mit meinem Schwung pralle ich gegen Obelix' Bauch. Kurt hat es sich wohl anders überlegt und ist zurückgekommen. Die Begegnung unterm Türrahmen lässt mich torkeln.

»Nee, bin ich nicht, um deine dämliche Frage zu beantworten.« Mit ausdruckslosem Gesicht sinkt Kurt schwer auf die Bank nahe dem Fenster. Ich gieße ihm eine Tasse seines Kaffees ein und beginne mit der Putzaktion. Als erstes widme ich mich den Arbeitstischen.

»Nee, hier stimmt was nicht und ich bin nicht sicher, ob ich mit dir darüber reden soll oder ob du nicht der Grund dafür bist, dass hier was nicht stimmt. Bevor du kamst, stimmte nämlich alles.« Das sagt Kurt mehr zu seinem Kaffeepott als zu mir.

»Ich bin nur zufällig hier. Das alles wäre auch ohne mich passiert, denn die Wurzel allen Übels sitzt im Hungerturm. Wenn sie überhaupt die Wurzel ist und nicht nur die Blüte.«

»Wie meinst du denn das schon wieder? Nu red mal Tacheles!«, fordert Kurt.

»Und nun hör mit der Wuselei auf. Setz dich, du machst mich ganz nervös.«

Ich setze mich und erzähle ihm von Michaels Hobby und Lucas Beihilfe. Ich erwähne auch die zwei Kerle, die heute auf dem Hof verhaftet worden sind. Ich untermaure die Geschichte von Amber und den Pottwalen mit dem, was Luca dazu erzählt hat und mit dem, was ich im Internet recherchiert habe. Beim Thema illegale Walfänger muss Schiffskoch Kurt heftig beipflichten, dass das mit eines der größten Verbrechen an der Natur ist. Dass Luca und ich im brennenden Haus waren, erzähle ich nicht. Wobei mir gerade im Moment wieder einfällt, dass ich Greta in der Nacht gesehen habe und sie auf mich einen dampfenden Eindruck gemacht hat. Ich frage mich laut, ob Greta weiß, wo Michael ist und ob sie in seine Geschäfte eingeweiht ist. Immerhin verkauft auch sie Schmucksteine. Den Rest lasse ich ungesagt und Kurt springt darauf an.

»Nee, Greta doch nicht. Die ist grundanständig. Mit eine der ehrlichsten Frauen, die ich kenn, von Theresa mal abgesehen«, seine Augen beginnen zu leuchten bei dem Namen Theresa und erlöschen, sobald er verhallt ist. Die Elfe, kombinieren Kalle und ich messerscharf. Kurt richtet seine Aufmerksamkeit auf die vor ihm stehende, bauchige, silbrig glänzende Zuckerdose. Sein verträumter Blick spiegelt sich verzerrt. Ich muss an schleudernde Wäsche in einer Trommel denken. Meine Klamotten sollte ich aus der Maschine holen, bevor es jemand anderes tut.

»Was weißt du über Michael?«, frage ich ihn.

»Nicht viel«, gibt er Auskunft und berichtet, dass Michael jedes Jahr hierher komme, dass er bei den Frauen gut ankomme, und wenn er komme, höre das ein jeder und eine jede, auch Greta, die nicht immer direkten Anteil daran habe. Jetzt guckt Kurt noch eine Spur leidender als zuvor. Ach ja, fällt ihm ein, und früher habe Michael so einen quirligen Zwerg als Partner auf seinem Stand gehabt, doch der sei seit zwei Jahren nicht mehr dabei gewesen. Der Zwerg interessiert mich. Kurts Beschreibung passt ziemlich genau auf das kleine Männchen, das mir eben noch im Flur begegnet ist. Napoleon würde der Gnom sich nennen und habe sich offensichtlich in der Epoche vertan.

»Was war denn deiner Meinung nach im Koffer?«, fragt Kurt.

»Darüber kann ich auch nur spekulieren, ich weiß nur, dass seit Sonntagabend zwei Männer verschwunden sind.«

»Aus dem Koffer baumelte ein Schnürriemen«, erinnert sich Kurt.

»Rot?«

»Weiß.«

Wir starren beide aus dem Fenster.

Die Tür hinter uns schwingt auf und eine der Linas streckt den Kopf in die Küche.

»Wenn ihr Michael seht, sagt ihm, dass die zwei Leute nach ihm gefragt haben.«

»Was für Leute?«, fragen wir fast gleichzeitig.

»Keine Ahnung. So zwei Typen. Der eine groß, hager und hässlich, der andere war so einer mit zu viel Gel im Haar«, sagt das Mädchen und wendet sich zum Gehen.

Das werden die Mustangs gewesen sein.

»Warte noch einen Moment«, rufe ich sie zurück.

»Wollte Michael wissen, wenn zwei Männer nach ihm fragen?«

»Ja, er hat extra angerufen deswegen.«

»Wann?«, fragt Kurt. Linas Pupillen fixieren einen Punkt links unterhalb ihres eigenen Ponys.

»Ich meine, er hat Montagfrüh angerufen. Ja, genau. Montag, gleich nach dem Milchmann.«

»Um wie viel Uhr war das genau?«

»So um acht, denke ich mal, aber beschwören kann ich es nicht. Was ist eigentlich los? Jeder fragt nach Michael.«

»Wer denn noch?«

»Ein Kunstschmied hat auch schon nach ihm gefragt. Einer von den Mittelalterleuten.«

»Napoleon«, murmelt Kurt.

»Ich muss dann mal wieder. Die Kuschler rufen. Ihr wisst nicht zufällig, wo man eine Sauna mieten kann?« Während wir noch mit den Köpfen schütteln, ist die Praktikantin schon wieder weg.

»Genug geschnackt«, haut Kurt auf den Tisch, dass die Zuckerdose kippelt, »Deck schrubben!« Er schickt mich Putzmittel holen. Auf dem Weg nach unten bin ich schon fast erleichtert, dass Michael nicht seit Sonntagabend tot im Koffer gelegen haben kann, wenn er Montagfrüh noch telefoniert hat. Halt, halt, bemerkt Kalle, vielleicht war Sonntagabend auch ein Wildschwein drin, doch Montagvormittag nicht mehr. Mist, damit könnte er recht haben.

46

Als ich in der Waschküche ankomme, ist die Maschine gerade fertig. Eilig hole ich meinen Kram aus der Trommel. Aus der feuchten Hosentasche ziehe ich den zerknautschten Umschlag. Viel ist nicht mehr zu erkennen, zumindest von außen. Der Adressaufdruck ist völlig verschwunden. Vorsichtig öffne ich den Umschlag, jetzt bloß nichts einreißen, was hinterher bei der Aufdeckung einer Straftat von Nutzen sein könnte. Der Brief besteht aus drei Bögen, die fest zusammenpappen. Da es sich hierbei um Kopien handelt und nicht um Tintenstrahlausdrucke, sind die Buchstaben noch halbwegs lesbar. Kaufvertrag steht in Fettschrift oben auf Blatt eins. Daneben steht noch ein Wort, handschriftlich. Es ist nicht sehr deutlich, vielleicht ›Entwurf‹. Das abgebrannte Haus gehört laut diesem Dokument immer noch dem alten Besitzer, einem Dr. Anton Bähner, der in Düsseldorf lebt. Auf dem letzten Papier, neben Michaels Unterschrift, die nur zu erahnen ist genauso wie ein krakeliges ›i. O.‹, klebt ein gelbes, gefaltetes Zettelchen, darauf eine noch lesbare Notiz: Alles Weitere in Ihrem Büro, wie besprochen. Was das nun wieder bedeuten soll? Die Frage richtet sich an den Advokat und der beginnt eine ungeordnete Aufzählung, worin Wörter wie Grundschuldeintrag und letzter Wille vorkommen.

»Hier treibst du dich rum«, werde ich angefahren. Vor Schreck wäre mir beinahe der Brief aus den Händen gefallen.

»Los, weiter sägen«, kommandiert Udo.

Ich erkläre ihm, ich würde Kurt helfen.

Dem sei nicht mehr zu helfen, gibt er ohne Zögern kund. So wie er es sagt, ist nicht klar, ob das scherzhaft oder ernst gemeint ist.

»In einer halben Stunde sehe ich dich am Grillplatz.«

Ich nicke. Du hast eindeutig zu viele Bestimmer, meckert Kalle. Ich stopfe den Brief in meine Hosentasche und lege meine Wäsche in eine unübersichtliche Ecke des Raumes, da ich keine Lust habe, sie in den Turm zu bringen und Luca zu begegnen.

Kurt gebe ich Bescheid, dass ich nur eine halbe Stunde Zeit habe. Er nickt nur und beginnt damit den Herd zu schrubben, während ich mich den Töpfen widme. Als ich aus den Tiefen des Spülbeckens wieder aufblicke, hobelt er immer noch mit einem Glitzi auf der gleichen Stelle des Herdes. Dick schwellen seine Muskeln unter dem T-Shirt auf und ab, wie das kräftige Branden einer herbstlichen See. Gleich wird er ein Loch in das Metall gescheuert haben. Das Küchentelefon läutet. Kurt macht keine Anstalten dran zu gehen. Kaum habe ich den Hörer abgenommen, sagt eine Frauenstimme:

»Kurt, du musst sofort herkommen.«

Klack, aufgelegt. Das war doch die Elfe Theresa,

oder war es Greta? Ich stupse Kurt an, der mich völlig irritiert anstarrt, und sage ihm, was die Frau am Ende der Leitung gesagt hat und dass es dringend klang. Noch mit dem Glitzi in der Faust und ohne ein Wort verlässt Kurt die Küche. Ich folge.

Er dreht sich zu mir um:

»Das geht dich nichts an – obwohl, so'n Schiet, komm man doch mit«, stöhnt er.

Der weiß was, flüstert Kalle. Oder er ahnt was, denke ich mir.

Als wir die Burg verlassen, spüre ich Blicke im Rücken. Kurz drehe ich mich um und sehe, wie sich Gnom Napoleon hinter die Rotbuche verdrückt. Falsch herum, meint Kalle. Wir wollten ihn im Auge behalten, nicht umgekehrt.

Kurt klopft an die Cafétür. Wir warten nur einen kurzen Moment und die Elfe namens Theresa schließt auf. Ihren skeptisch fragenden Blick auf meine Person beantwortet Kurt mit einem schrägen Kopfnicken, was so viel bedeutet wie, ist schon in Ordnung. Theresa schließt hinter uns ab. Unten am Tisch sitzt ein heulendes Häufchen Elend. Greta. Sie zittert am ganzen Körper und stammelt: »Das habe ich nicht gewollt. Das habe ich nicht gewollt.« Sie zieht die Beine an ihren Körper, umschlingt sie und beginnt sich die Unterarme aufzukratzen. Theresa legt ihr eine Hand auf die Schulter und gießt mit der anderen Tee in eine Tasse. Greta scheint nicht in der Lage zu sein mehr zu sagen außer, dass sie das nicht gewollt habe. Kurt rückt sich einen Stuhl zurecht, setzt sich Greta gegenüber und findet seine Sprache nicht. Ich werde ungeduldig, denn ich beginne zu ahnen, was Greta nicht gewollt hat.

»Du hast niemanden umgebracht«, werfe ich in den Raum.

Eben jener Gedanke, am Tod eines Menschen Mitschuld zu tragen, hatte mich zuvor auch malträtiert. Seitdem ich weiß, dass der Tote schon im Haus gelegen haben muss, fühle ich mich besser. Vielleicht hilft die Erkenntnis Greta, sich zu beruhigen. Alle gucken mich verdutzt an. Auch Greta, die mit der nervösen Kratzerei aufgehört hat.

»Was weißt du schon«, sagt sie beinahe tonlos und kratzt sich weiter, diesmal sachter.

»Ich habe dich gesehen.« Die Tatsache unterstreicht meine Worte und nun wird es sehr still. Ich fordere Kurt auf zu erzählen, was er mir über den Knochenfund berichtet hat. Ungläubig starren beide Frauen uns an.

»Warum hast du das Haus angezündet?«, will ich schließlich von ihr wissen, denn bisher fehlte jede Bestätigung meiner Annahme, dass sie der Feuerteufel war.

»Michael ist ein Lügner«, beginnt sie.

Gut, das ist nun nichts Neues, wenn das der Grund wäre, hätte sie schon früher austicken können.

Nachdem sie sich ausgiebig geschnäuzt hat, berichtet sie uns von ihrem Anruf bei einem Notar in Betzdorf, bei dem Michael für sie beide das Häuschen kaufen wollte. Doch der Notar habe nie einen unterschriebenen Kaufvertrag erhalten. Dann sei als nächstes dieses blaue Luder aufgetaucht und ihr sei endlich ein Licht aufgegangen. Sie würde Michael nie für sich haben, nie. Ihr aufgegangenes Licht hat in der Folge das alte Fachwerkhäuschen zum Lodern gebracht.

Greta seufzt und sagt: »Ich habe gedacht, ich hätte Michael abgefackelt, als ich vom Leichenfund hörte. Oh mein Gott, das hatte ich doch nicht gewollt.«

»Hast du auch nicht«, sagt Theresa und stoppt damit die nächste Kratzattacke.

»Was soll ich denn jetzt machen?«, fragt Greta.

Advokat, was gibt es denn auf derartige Sachbeschädigung? Ich entsinne mich eines Falls einer Brandsanierung durch einen Diskothekenbetreiber. Die war aber eiskalt kalkuliert und ausgeführt. Der aktenkundige Mann hat sich auch nicht gestellt. Ich las in der Siegener Zeitung, dass er fünf Jahre dafür bekommen hat. Außerdem war er als Versicherungsbetrüger bekannt. In Gretas Fall stehen die Zeichen günstiger, setzt der Advokat zu einem Plädoyer an. Emotionaler Ausnahmezustand, keine Vorstrafen, und wenn sie sich stellt ... Reue zählt. Hat sie vielleicht irgendwie dazu beigetragen, dass das Feuer gelöscht wird? Ich frage sie. Nein, hat sie nicht. Doch sie habe die Feuerwehr alarmiert, als sie sah, wie schnell die Flammen um sich griffen. Auch habe sie die Nachbarn aus den Betten geklingelt. Das untere Strafmaß liege bei sechs Monaten, je nach dem. Meine Erinnerung will sich nicht festlegen. Ein Klassenkamerad in der Berufsschule, der wohnte auf der Lippe, hatte dort einen Kuhstall in Brand gesetzt, wobei ein Zuchtbulle starb. Ich überlege fieberhaft, wie die Sache damals ausging. Jugendstrafrecht, kommentiert der Advokat. Ob sich die Wetterlage auf der oft neblig trüben Lippe strafmildernd auswirkt, fragt Kalle. Hilft uns alles jetzt nicht weiter. Greta fragt, den Kopf beinahe zwischen ihre Knie geklemmt, abermals, was sie tun soll.

»So wie ich dich einschätze«, meint Kurt, »kommst du mit deinem Gewissen nicht klar, solltest du schweigen.«

»Besser du stellst dich«, bekräftige ich Kurt und ergänze den Rat durch meine Überlegungen bezüglich des zu erwartenden Strafmaßes im Zusammenhang mit der gezeigten Reue. Ich muss an das Dokument denken, das feucht in meiner Hosentasche pappt. Würde es was nützen ihr zu sagen, dass Michael den Kaufvertrag unterzeichnet hat? Wenn ich was gelernt habe hier auf der Burg, dann das: Man muss delegieren können. Ich werde den Brief Theresa geben, soll sie das entscheiden. Sie kennt Greta besser.

47

Während wir auf die Polizei warten, müssen wir unbedingt noch klären, wer von uns Michael zuletzt gesehen hat. Offensichtlich bin ich derjenige. Das Telefonat mit der Praktikantin hat weniger Gewicht, denn, so stellt sich heraus, können die Mädels nicht sicher gewesen sein, dass am anderen Ende der Leitung Michael spricht, da sie ihn nicht gut kannten.

Ich gebe unser einziges Gespräch wieder und erwähne auch Michaels Plan, das Haus zu kaufen. Greta scheint es gar nicht richtig wahrzunehmen. Bevor die Polizei aufkreuzt, will ich noch wissen, ob außer Kurt sonst noch einer einen Mann gesehen hat, auf den die Beschreibung von Alfons passt.

»Alfons? Der Mann aus der Behindertenwerkstatt?«, fragt Theresa. Ich bejahe.

»Den habe ich mit Udo gesehen. Frag ihn. Es schien, als kennen sie sich.«

»Was ist mit Jörn und Alfons? Wie stehen die zueinander?« Vielleicht hat die stille Elfe auch davon etwas mitgekriegt, so meine Hoffnung.

»Ich glaube, die kennen sich auch von früher. Wenn ich mich recht entsinne, gab es da mal einen tüchtigen Streit. Vor ungefähr drei Jahren. Dieser Alfons hatte Jörn irgendwas eingebrockt. Er spricht nicht darüber. Kurt, du weißt doch sicher noch worum es ging.«

Kurt zieht sich am Kinnzopf. Er erzählt von einer jungen Frau, die vor drei Jahren in der Burg gearbeitet hat. Er wisse nicht genau, wo die hergekommen sei. Jedenfalls habe Jörn eine heiße Affäre mit ihr gehabt, sogar das Wort Heirat sei gefallen und dann stellte sich heraus, dass die Braut nicht nur ihn, sondern auch die Gäste beklaut hatte. Am Ende musste Jörn sich vor Gericht verantworten. Damit endet Kurts Rückblick. Jetzt wird mir klar, warum Jörn mich so eindringlich gebeten hat, zuerst die Polizei anzurufen und dann Alfons. Gebranntes Kind.

Bevor sie Greta abholen, muss ich noch in Erfahrung bringen, was sie von Michaels Geschäften weiß. Nichts, wie sich herausstellt. Sie schüttelt matt mit dem Kopf, als ich sie danach frage.

»In meinem Laden bewahre ich etwas für ihn auf. Ein Kästchen unter der Theke. Er sagte, ich solle nicht hineinsehen. Er vertraue mir. Ich habe es nie angerührt. Theresa hat einen Schlüssel«, erzählt sie mit leiser Stimme.

Keine Sekunde zu spät schließe ich die Tür des Kiosks von innen. Zwei Polizisten steigen soeben aus ihrem Wagen und begeben sich in Richtung Café.

Das Kästchen ist schnell zu finden. Es hat Ähnlichkeit mit der Knopfkiste meiner Oma. Der Blechdeckel ist lediglich festgeklebt. Michael muss sich seiner Sache bei Greta sehr sicher gewesen sein. In dem Kästchen befinden sich einige Papiere. Eine Lebensversicherung, die auf den Namen seiner Eltern läuft. Sein Sozialversicherungsheft, und ganz unten liegt ein

Schlüssel zu einem Schließfach. Sparkasse Burbach. Den Schlüssel nehme ich an mich, die kleine Blechkiste lasse ich wieder unter der Theke verschwinden. Die Anzeichen mehren sich, dass Michael nicht mehr unter den Lebenden weilt, schließt der Advokat kühl aus der Tatsache, dass der Mineralienverkäufer ohne den Schlüssel verschwunden ist. Oder er plant zurückzukommen und ist irgendwo, wo er den Schlüssel nicht braucht, kommt mir in den Sinn.

In Gedanken versunken, mir ist fast schwindelig vor Aufregung, will ich den Kiosk wieder verlassen. Zuvor spähe ich durch eines der kleinen Sprossenfenster und erkenne den kleinen Mann, der sich Napoleon nennt, Kunstschmied ist und irgendwann ein Partner Michaels war. Er hockt hinter der Regentonne neben dem Eingang des Cafés und belauert die Tür. Seine Aufmerksamkeit zielt nicht in meine Richtung. Hoffentlich hat er mich nicht in den Kiosk gehen sehen. Etwas veranlasst den kleinen Mann plötzlich aufzuspringen und davonzurennen. Nach einer Sekunde wird klar, warum er es so eilig hatte. Die Polizisten verlassen mit Greta das Café. Kaum ist der Polizeiwagen weg, kommt Udo mit dem Bus durch das schmale Tor gefahren und hält genau vor dem Kiosk. Unfreiwillig, denn ein Auto parkt so schräg vor dem zweiten Burgtor, dass er mit dem Bus nicht vorbei kommt. Das gibt mir Deckung. Ungesehen verlasse ich den Kiosk. Als ich mich um die Busfront herumdrücke, erblickt mich Udo und dirigiert mich zurück.

»Hier geblieben und ausladen!«

48

Der Bus ist voll mit schweren Waffen. Säbel, Schwerter, prächtig verzierte Schilde, Pfeile und Bögen, sogar eine imposante Armbrust ist dabei. Dolche, Speere, Morgensterne, alles was ein Ritterherz begehrt.

»Die Ausstattung der heiligen Gralskrieger aus dem Sauerland«, gibt Udo Auskunft. Mein Blick scheint ihn zu erheitern. »Warts nur ab. Gleich kommen die Kämpfer von Gondor und Rohan aus dem Osten. Die Truppe aus Schwerin lässt ihre Wurfäxte und zweihändigen soliden Waffen von erstklassigen Schmieden herstellen. Bis dahin wird der Querparker wohl weg sein. Kannste jedenfalls hoffen.« Jetzt lacht er sogar.

»Was ist das jetzt eigentlich hier für ein Spektakel? Mittelalter oder Mittelerde?«

Unbemerkt ist Jörn zu uns gestoßen und liefert mir die Antwort.

»Ein zeitenübergreifendes Festival. Am Sonntag kommt es zu einem großen Schaukampf beider Garnisonen. Ich bin schon sehr gespannt.« Jörns Augen funkeln wie die eines Kindes unterm Christbaum. Ich bin auch gespannt, wie ein Flitzebogen, sagt Kalle.

»Wo ist Kurt?« Jörn schaut in die Runde.

Kurt erscheint wie gerufen und alle vier packen wir mit an. Die letzte und größte Kiste schleifen Udo und ich gemeinsam zur Ladekante des Transporters. Jetzt hättest du Gelegenheit, Udo nach Alfons zu fragen. Während wir die schwere Truhe mit Handwaffen schleppen, überlege ich, wie ich es geschickt anstelle.

Soll ich fragen? Sei mal eher vorsichtig, rate ich mir und stöhne laut, dass ich diese Plackerei Alfons zu verdanken habe. Udo zeigt keine Reaktion.

»Kennst du den? Mir war, als hätte ich euch zusammen gesehen. Ich such ihn nämlich.«

Udo lässt unvermittelt sein Ende der Kiste los. Der plötzliche Ruck versetzt mir einen üblen Stich in die Schulter und ich muss loslassen. Dabei kracht mir halbseitig das schwere Teil auf den rechten Fuß und zertrümmert meinen kleinen Zeh. Scheiße, tut das weh! Ich gebe mir keine Mühe, einen Schmerzlaut zu unterdrücken.

»Nicht schwätzen, schaffen«, kommentiert der grobe Kirmesmensch.

Man muss die Zeichen richtig deuten, zitierte Marie gerne ihren Guru. Der Schmerz pocht aufdringlich durch meine Nervenbahnen bis ins Gehirn und seine Message ist: Hau ab! Nein, so kurz vor der Auflösung dieser Beziehungsgeflechte werde ich nicht aufgeben. Schon gar nicht ohne zu wissen, was Luca mir untergeschoben hat. Udos Zeichen bedeutet also, dass er nicht mit mir über sich und Alfons reden will.

Ich solle mich nicht so anstellen, sagt er. Eine weitere Frage nach seiner Bekanntschaft mit Alfons erspare ich mir, während wir die Handwaffen in einen trockenen Raum schleppen.

Mir reicht es erst mal! Nachdem die Kiste im Lagerraum mit den Getränken verstaut ist, verschwinde ich aus Udos Reichweite. Ich entschuldige mich für zwanzig Minuten bei Jörn und hinke zum Hungerturm. Hinter mir höre ich einen beginnenden Streit zwischen Udo und Jörn. Da brennt die Luft. Den Ausbruch einer Keilerei verhindert nur das Erscheinen der Gralskrieger aus dem Sauerland. Da durch die schmalen Gassen des Ortes keine großen Busse bis zur Burg hinauffahren können, sind sie von der Haltestelle zu Fuß gekommen. Sie waren schnell und sind so hilfsbereit beim Entladen ihrer Waffen selbst zu helfen. Jörn verspricht ihnen ein großes Lagerfeuer mit Spanferkel für heute Abend.

Einbeinig hüpfe ich die Stufen zum Turm hinauf. Wie gerne wäre ich Luca los. Doch sie hat etwas ausgeheckt und das muss ich in Erfahrung bringen. Erst den Fuß behandeln, denke ich mir, während sich der Schlüssel im Schloss dreht. Kaum schwingt die Tür auf, springt mich von hinten der kleine Mann an. Vorwärts stolpre ich ins Innere des Turms, den Gnom auf dem Rücken. Wir purzeln der schlafenden Luca vor die Füße. Behände ist Napoleon wieder auf den Beinen, knallt die Tür hinter uns zu und schließt von innen ab. Fehlt nur noch, dass er den sperrigen, alten Schlüssel verschluckt. Ich rapple mich auf und wie eine Sprungfeder ist Luca von der Pritsche gehüpft und steht jetzt dicht hinter mir. Ich werfe einen Blick über die Schulter und spiegle mich in ihren schreckgeweiteten Augen.

»So sieht man sich wieder«, schnarrt der Gnom. Seine meckernde Stimme passt zu ihm. Aha, flüstert Kalle, die beiden kennen sich.

»Ähm, Leute, mich geht das hier alles nichts an. Ihr entschuldigt mich ...«, starte ich den Versuch, zwischen den Fronten abzutauchen.

»Du bleibst«, sagt Gnom Napoleon und gleichzeitig krallen sich von hinten Lucas Fingernägel ins Fleisch meines Unterarms. Um seinen Worten mehr Nachdruck zu verleihen, zieht Napoleon mit der rechten Hand ein Stilett aus dem Innern seiner Jacke und fuchtelt mir damit vor der Nase herum. Mit der Linken rupft er ein paar Handschellen hinten aus seinem Hosenbund und zwingt mich, den Armschmuck einseitig anzulegen. Feg den doch von den Füßen, feuert Kalle mich an. Ich überlege zu lange, mit welchem Bein ich ihm ins Kreuz treten könnte, da mein Fuß noch immer höllisch schmerzt. Der günstigste Augenblick ist vorüber und mit dem losen Ende der Schellen bin ich an einen Eisenring gekettet, der seit hundert Jahren nutzlos aus der Wand hängt und nur auf diesen Einsatz gewartet zu haben scheint. Mein rechter Arm ist jetzt hoch über meinem Kopf fixiert. Ganz blöde Lage, kommentiert Kalle. Ja, auch ich ärgere mich über meine Unentschlossenheit und beschließe, dass mir so was nicht noch mal passiert. Napoleon hat es wohl offensichtlich mehr auf Luca abgesehen, versucht der Advokat mich zu beruhigen. Luca verliert den Rest ihrer rosigen Gesichtsfarbe, so dass sie nun komplett blau schimmert. Wo hat sie ihren Sack versteckt? Sie war doch die ganze Zeit im Turm, flüstert der Meisterdetektiv Kalle und schaut konzentriert in jeden Winkel.

»Wo ist Michael?« Napoleon knöpft sich Luca vor die Brust.

»Ich weiß es nicht.« Wie gespuckt kommen ihr die Worte aus dem Mund.

Der kleine Mann gibt sich unbeeindruckt, schiebt sie von sich und klatscht ihr mit der Rückhand eine ins Gesicht. Lucas Wange erhält wieder Farbe. Ihre Augen füllen sich mit Tränen, ihre Stimme mit Trotz: »Ach, mehr hast du nicht drauf! Falls ich den Mistkerl vor dir erwische, kannst du wieder in die Röhre gucken. Genau wie damals!« Zack, jetzt kriegt sie noch eine gelangt, diesmal auf die andere Seite.

»Hey«, mische ich mich ein. Die Handschelle rasselt.

»Halts Maul«, keifen mich beide an. Auf ihre Art sind die beiden sich einig. Ich fühle mich an eine Situation erinnert, als ich als Siebzehnjähriger in einer Kneipe in Haiger-Seelbach zwischen ein handgreiflich streitendes Ehepaar ging und es plötzlich von beiden Seiten Schläge auf mich hagelte. Etwas Metallisches rutscht mir innen am Schenkel entlang und wird vom losen Gummi meiner Socke aufgefangen. Michaels Schließfachschlüssel ist durch die kaputte Tasche entwischt.

»Also«, setzt Napoleon noch mal zur Ausgangsfrage an: »Wo ist er?«

»Ich weiß es wirklich nicht. Heute Abend soll Übergabe sein. Wenn er dann nicht hier ist, muss ihm was passiert sein.«

»Jetzt hör mir genau zu. Ich lass mich nicht von einer Halbwüchsigen verscheißern. Ich weiß, dass es da unten gebrannt hat und ich weiß auch, dass es sich bei dem Haus um Michaels Versteck gehandelt hat. Zum letzten Mal: Wo ist er?«

»Ich weiß es nicht! Kapier das doch endlich!« Lucas Stimme wird schrill.

Wo hat sie den Rucksack versteckt? Ich wechsle in meiner unbequemen Haltung das Standbein und muss meinen schmerzenden Fuß belasten. Dabei gleitet der kleine Schlüssel noch tiefer in meinen Strumpf und reibt am Knöchel. Ich habe das Gefühl, dass das Brett unter mir etwas nachgibt. Vorsichtig wiege ich mich unauffällig von einem Bein aufs andere. Ja, jetzt spüre ich es deutlich. Ein Brett kippelt ganz leicht unter meinem linken Fuß.

»Okay.« Napoleon lässt sich auf der Pritsche nieder und reinigt sich konzentriert mit dem Stilett die Fingernägel. Er lässt sich Zeit.

»Dann eben eine andere Frage. Wo ist die Ware? Und komme mir jetzt nicht damit, die hätte Michael«, pfeilschnell steht der Mann wieder auf den Beinen. Beide starren wir das blaue Wesen an. Luca zieht beinahe unmerklich die Stirn in Falten. Ihrem Gesichtsausdruck entnehme ich, dass sie selbst gespannt auf ihre Antwort ist. Ihre Augen funkeln listig, als sie in meine Richtung schaut. Ich ahne Übles.

»Verbrannt«, mische ich mich noch mal ein, da ich befürchten muss, dass sie mir den Amber anhängt.

»Pah«, macht Napoleon. Mit der faulen Ausrede habe er gerechnet.

»Er hat das Zeug!« Luca weist mit dem Finger auf mich. Dieses Biest!

»Die lügt doch!«, brüllt es entsetzt aus mir raus. Meine Stimme klingt mir fremd. Napoleon erhebt sich, baut seine Meterachtundsechzig vor mir auf und säubert sacht die Spitze des Stiletts an meinem Adamsapfel. Dabei trifft mich sein Atem. Er hatte sauer eingelegte Heringe zu Mittag.

»In seinem Auto«, beeilt sich Luca zu sagen. Napoleon nimmt das Mordinstrument zwischen seine Zähne und bekrabbelt mich nach dem Wagenschlüssel. Ich sag jetzt erst mal gar nichts mehr. Denn es könnte tatsächlich sein, dass die Göre etwas in meinem Peugeot versteckt hat. Die Gelegenheit war da. Verdammt! Cool bleiben, beschwichtigt Kalle. Stell dem kleinen Mann die kleine Beute in Aussicht. Vielleicht geht er darauf ein, entwirft mein zweiter Seelenbewohner, der Advokat, einen Plan. Fakt ist, dass tatsächlich etwas in meinem Auto sein könnte, das Napoleon interessiert. Fakt ist auch, dass Luca den Beutel mit einigen Steinen und Scheinen unmöglich aus dem Turm herausbekommen haben kann. Fakt ist weiterhin, dass ich nichts zu verlieren, aber Zeit zu gewinnen habe.

»Warum in die Ferne schweifen«, begebe ich mich aufs Glatteis und stampfe mit dem linken Fuß auf das lose Bodenbrett.

»Was wird das denn für eine Nummer?«, will Napoleon wissen und ich gebe ihm bereitwillig Auskunft, während Luca sich suchend umschaut.

Pass auf sie auf, raunt Kalle, die guckt bestimmt nach weiteren Wurfgeschossen. Klar Heißsporn, ich bin auch gerade furchtbar flexibel, antworte ich gedanklich und schätze meine reellen Möglichkeiten ein.

»Schau doch unter dem Brett hier nach – das kostet dich doch lediglich ein Bücken«, ermuntere ich Napoleon, der meinen Vorschlag abzuwägen scheint. Er überlegt sein Vorgehen. Da er nicht unter meine

Hacken geraten will, nötigt er Luca auf die Knie, die sich zwischen meinen Beinen zu schaffen macht. Sie murkst unter ächzen an der langen losen Diele, bekommt das Brett zu fassen, so dass sie es anheben kann. Wenn sie jetzt schnell ist, könnte sie mit einem Streich mir das Eichengehölz vors Geschlecht zimmern und anschließend den Schwung nutzend dem kleinen Mann in die Visage knallen. Sie zögert einen Moment zu lange, denn mit dem gesunden Fuß gebe ich ihr einen leichten aber zielsicheren Kick an die Schulter, so dass sie umfällt. Napoleon springt heran, schubst Luca ganz zur Seite und hält mir das Stilett abermals drohend unters Kinn. Denn jetzt ist die Reihe an ihm, zu meinen Füßen herumzukriechen und in dem Bodenloch herumzutasten. Er vergewissert sich zunächst, dass Luca so schnell nicht wieder auf die Beine kommt. In Ermangelung eines weiteren Paares Handschellen zieht er ihr die Bluse über die Schultern, dass die obersten Knöpfe spritzen und verknotet ihr die lang gezogenen blauen Zipfelärmel hinter dem Rücken. Auch zieht er ihr die Bluejeans herab bis kurz über die Knie, sodass sie unweigerlich stolpern muss, sobald sie sich davon machen will. Als wäre sie ein versandfertiges Paket, wirft er sie auf die Pritsche. Das alles geschieht blitzschnell. Man könnte meinen, er hätte das trainiert. Napoleon nähert sich meiner Person. Ich könnte theoretisch ganz entspannt sein, denn um meine heiße Ware dreht es sich nicht. Mir kann egal sein, was er dort findet. Nur hoffe ich natürlich, dass er was findet und mich dann losbindet. Vorsichtig geht er vor mir in die Hocke, dabei lässt er mich nicht aus den Augen. Er schiebt mich ganz an die

Wand und sein Stilett zeigt mit der blanken Spitze auf meinen Freund. Es soll ja unter den Männern gewisser Naturvölker Exemplare geben, die ihre Eier einziehen können, wenn es brenzlig wird. Zum Beispiel um sie und die enthaltenen Samen vor dem Kältetod zu bewahren. Ich kann das nicht. Das Einzige was ich jetzt einziehe ist Luft, ganz so, als könne es die letzte sein. Kurz überlege ich, wie sinnvoll es wäre zuzutreten. Blinder Aktionismus ist fehl am Platz, rät der Advokat. Denn hier ist niemand, der mich verlässlich von dem Armreifen befreit. Zum Teil setz ich auch auf Jörn oder Kurt, die mich vielleicht gleich zur Arbeit rufen werden.

49

Napoleon erkundet ausgiebig mit der freien Hand das Bodenloch. Jetzt scheint er etwas zu ertasten und muss sich tiefer nach unten beugen, dabei piekt er mir mit dem Stilett in den Oberschenkel. Sofort reißt meine Hose auf. Action, ruft Kalle, der der Meinung ist, ich solle augenblicklich zutreten. Während ich abwäge, reißt Napoleon mit einem kurzen, triumphierenden Lachen den Beutel mit Geld und Amber aus dem Loch, springt auf und hält ihn demonstrativ hoch, wie eine eroberte, feindliche Flagge. Luca wäre somit als Lügnerin geoutet, schöpfe ich Hoffnung auf meine unverzügliche Freilassung.

»Das sind doch nur Peanuts«, findet das Mädchen ihre Stimme wieder.

»Ich zeige dir, wo in seinem Peugeot er den großen Haufen versteckt hat!«

»Na, da komm ich mit, das will ich auch sehen«, bekenne ich.

»Schnauze, alle beide!«, giftet der kleine Mann, schaut sich seine Beute an, zieht die Brauen kraus und fragt: »Das ist alles?«

»Nein, du Idiot. Ich sag's dir doch. In seinem Wagen ...«

Napoleon beugt sich zu Luca und holt aus, besinnt sich und vergrößert den Abstand zu ihr.

Draußen senkt sich die Dämmerung über dem Giebelwald. Aus dem äußeren Burghof dringen Geräusche zu uns in den Turm. Metall stößt auf Metall. Krieger stoßen Kampfeslaute aus. Die Ritter aus dem Sauerland scheinen zu proben. Ich höre auch den Bus sich in den Hof quälen. Zum Jaulen des Motors gesellt sich das Johlen der Schweriner.

»Wartet nur, bis wir ausgeladen haben. Wir fordern euch zum ersten Gefecht!«, ruft einer.

Spätestens jetzt muss mich doch jemand vermissen. Jetzt wo es an die Lakaienarbeit geht. Während ich gespannt noch draußen horche, fasst Napoleon einen Entschluss. Der Tumult scheint ihm geeignet, mit Luca unbemerkt den Turm zu verlassen, um zu meinem Wagen zu gehen. Ich sei gut vertäut, bemerkt er, nachdem er uns seinen Plan hat wissen lassen.

Luca richtet sich die Kleidung. Der französische Kriegsherr schreitet zur Tür. Tu was, wenn du hier nicht verhungern willst. Ich muss es schaffen, dass Napoleon zu mir zurückkommt, so nah, dass ich ihm eine verpassen kann. Luca ist wieder handlungsfähig. Ob sie mir helfen wird, steht auf einem anderen Blatt.

»Hey, Giftzwerg«, versuche ich mich in der Provokation. Napoleon zieht ruckartig seine Hand vom Türknauf zurück. Der Schlüssel steckt schon.

»Du bist so blöd wie du klein bist«, setze ich unverdrossen nach. Der Advokat räuspert sich und ist der Meinung, dass ich zu dick auftrage. Napoleon nähert sich mir, ist aber noch nicht in Reichweite meiner freien Faust.

»Die blaue Lady lügt und du lässt dich anschmieren. Ich weiß, wo Michael den Kram versteckt hat. In meinem Strumpf ist ein Schlüssel zu seinem Schließfach.« Napoleon scheint zu überlegen, was er zu verlieren hat, wenn er nachschaut.

»Du bleibst wo du bist«, sagt er zu Luca gewandt. Seine Worte unterstreichend surrt das Stilett durch die Luft und pinnt Luca durch den Blusenkragen an die Holztür. Blitzschnell wirft Napoleon sich zu meinen Füßen. Ich fange mit meiner Schuhspitze seinen Schwung auf und er fällt mir quasi mit dem Kehlkopf in den Tritt. Der kleine Mann taumelt japsend nach hinten und rollt über den Boden. Luca hat sich von ihrem Schreck ebenso schnell erholt, die Stichwaffe aus dem Holz gezogen und aufgeschlossen. Kaum hat sie die Klinke in der Hand und herabgedrückt, wird sie mit einem Schwung nach draußen befördert. Von außen hat Kurt den Griff gepackt und die Tür aufgerissen. Luca fliegt ihm entgegen. Mit dem Mädchen hält der Koch sich nicht lange auf, nachdem er meine Lage erkannt hat. Mit einem Arm stellt er Luca zur Seite und wirft sich auf Napoleon, der eine Hand an seine eigne Kehle gepresst hält und mit der anderen etwas aus dem Bereich seiner Wade ziehen will. Ein kleiner Revolver, wie sich herausstellt. Kurt schnappt sich die Schusswaffe und wirft sie ins Bodenloch.

»Ich hasse Schießeisen«, bemerkt er, während er den kleinen Mann auf die Füße bringt und dabei dessen Arme auf dem Rücken verschränkt. Napoleon röchelt.

»Der Schlüssel ist in seiner hinteren Hosentasche«, informiere ich. Kurt greift mit einer Pranke in die Tasche und wirft mir den Handschellen-Schlüssel zu.

Bei der Aktion fällt ein Ausweis auf den Boden. Ich entfessle mich und greife nach dem Dokument. Napoleon heißt Dieter Reimann und arbeitet für den Staat. Er ist Polizeibeamter.

Ich muss mich erst mal setzen und den Schuh ausziehen, bevor mein kleiner Zeh auf die Größe einer Kanonenkugel angeschwollen ist und ich den Latschen vom Fuß schneiden muss. Aus dem Augenwinkel sehe ich, dass Luca sich davonstehlen will, doch mit einem Hechtsprung von der Pritschenkante aus, kann ich das verhindern. Ich erwische ihr linkes Bein, sie kommt zu Fall und schnell schließe ich die Tür. Von draußen guckt bereits einer der Krieger kritisch. Doch der Mann in langer, schwarzer Gewandung mit Kettenhemd darüber wird ins Kampfgeschehen zurückgezogen und muss sich seiner eigenen Haut wehren.

Die frei gewordenen Handschellen lasse ich um Lucas Gelenke schnappen.

50

In der Zwischenzeit ist Dieter Reimann, alias Napoleon, zu Luft gekommen. Nachdem Kurt bewusst wurde, dass er einen Ordnungshüter in der Zange hatte, hat er ihn sofort losgelassen. Reimanns Augen stehen nicht mehr ganz so weit vom Kopf.

»Verdammte Scheiße«, röchelt es aus ihm raus.

»Drei Jahre Arbeit und dann kommen so ein paar Burgheinis und ...«

Jetzt ist aber gut, beginnt es in mir zu kochen, sobald ich den Namen Heini höre. Ich hasste es schon als Kind, so genannt zu werden.

»Halten Sie mal die Luft an«, falle ich dem Beamten ins Wort.

»Ha«, schnauft dieser und will sich entfernen, während ich zur Pritsche hinke. Kurt versperrt ihm den Weg zur Tür.

»Ich muss telefonieren«, sagt er mit seltsamer Stimme. Kurt bewegt sich nicht vom Fleck und schüttelt ganz langsam den Kopf.

»Drei Jahre Arbeit müssen nicht umsonst sein«, souffliert mir der Advokat. Wir sind die Guten, halte ich für mich fest und mein Gerechtigkeitssinn sagt mir, dass die ganze Geschichte jetzt nicht im Sande verlaufen soll. Ich sehe mich schon der Mittäterschaft verdächtigt auf dem Polizeirevier.

»Wenn das stimmt, was ich vermute, sind Sie so was wie ein verdeckter Ermittler«, fahre ich fort.

Reimann sagt nichts. Ich nehme das als Aufforderung weiterzureden. Zunächst langweile ich ihn mit der Feststellung, dass Kurt und ich mit nichts was zu tun haben, was vor dem Gesetz Schwierigkeiten bereiten könnte. Reimann, der immer noch regungslos vor Kurt Obelix steht, stöhnt verhalten. Als Schleifscheibenpromoter und Werbefuzzi habe ich gelernt, dass man sich von ersten Ressentiments nicht aufhalten lassen soll. Ich werfe ihm meine Wagenschlüssel hin und biete ihm an, dass er gerne nachsehen kann, ob dort der Amber versteckt ist, und sage gleich, dass es sich dabei nur um eine müde Ausrede Lucas gehandelt hat. Mir fällt ein, wo ich zum ersten Mal die Darmsteine eines Wals, wie ich nun weiß, gesehen habe: in Annegrets Versteck. Bloß kein Wort darüber verlieren, bringe ich mich wieder auf Kurs und lasse die kleine Katze aus der Socke.

Michael habe tatsächlich ein Schließfach besessen und dort sei sicherlich das, was ihn interessiere. Reimann, der meinen ersten Hinweis auf den Schlüssel als Finte abgetan zu haben scheint, hält ihn jetzt als Beweisstück für meine Glaubwürdigkeit in den Händen. Luca, die erkannt hat, dass sie nicht so mir nichts dir nichts aus der Nummer rauskommt, pflichtet mir bei und gibt zu, dass sie nichts im Auto deponiert habe. Einmal in Fahrt, gesteht sie auch gleich, dass sie mit Michael in Streit geraten sei, da er die Ware in dem Keller eines Hauses versteckt habe, dass ihm nicht mal gehöre und sie das für viel zu riskant gehalten habe. Doch Michael habe nur gesagt, dass sie sich darüber nicht ihren Kopf zerbrechen soll.

»Als dann die Hütte in Flammen stand, habe ich zusammengerafft was ich konnte und das ist alles«, Luca zeigt auf den Beutel. Ich nutze ihre Stunde der Wahrheit und unterbreche mit einer Frage: »Wer war der Typ, mit dem du im Garten gerangelt hast?«

»Alfons.«

»Wer ist im Haus verbrannt?«

»Michael«, gibt Reimann kund, der sich überlegt haben muss, dass es für seine Operation günstig sein könnte, hier und jetzt keine Verhaftungswelle auszulösen, um die Kerle zu erwischen, die den Amber heute Abend kaufen wollen. Reimann dreht sich zu uns herum, Kurt bleibt vor der Tür aufgebaut. Draußen klingen die Schwerter. Reimann erzählt uns, dass man anhand des Gebisses den Toten aus dem Haus identifiziert habe. Der Leichnam habe zusammengekauert in einem Koffer gelegen. Kurt schwankt unmerklich. Die genaue Todesursache würde noch ermittelt. Fest stehe, dass er bereits mehrere Stunden tot gewesen sei. Ich erwähne, dass ich Udo dabei beobachten konnte, wie er jenen Koffer verladen hätte. Das ist Reimann neu, doch scheint für ihn in dem Moment einen Sinn zu ergeben, als ich von dem berichte, was ich am Sonntag zu sehen gemeint habe. Mir sei ein Mann aufgefallen, der einer an der Burgmauer hängenden Person auf die Finger geschlagen habe. Es könne nicht ausgeschlossen werden, dass Alfons der Schläger und Michael der Hänger gewesen sei. Man habe Alfons gesehen und ich hätte Udo gesehen, der am gleichen Abend unterhalb der Bastion den Pfad gesäubert hätte. Reimann nickt zu alledem.

»Udo und Alfons sind alte Freunde. Bisher hat Alfons ihm immer aus der Patsche geholfen. Könnte sein, dass es diesmal umgekehrt war«, mutmaßt er.

Udo und Alfons sollen Freunde sein, wundre ich mich. Zwei Männer, wie sie meiner Einschätzung nach unterschiedlicher kaum sein könnten.

»Doch warum?« Meine Frage bezieht sich in erster Linie auf den Mord an Michael.

Sicher ist mir nicht entgangen, dass Alfons seine Distanz zu einer Person verloren hat, die er lediglich als Bewährungshelfer zu betreuen hatte, doch deshalb bringt man doch nicht gleich jemanden um die Ecke.

»Ich soll aussteigen, hat er gesagt, sonst geschehe ein Unglück«, überlegt Luca laut und wirkt auf merkwürdige Weise gefasst.

»Jetzt verstehe ich. Er sagte, es wäre schon genug passiert und es soll nicht alles umsonst gewesen sein«, murmelt sie gedankenverloren.

»Nehmen wir an, es war Alfons auf der Bastion im Streit mit Michael. Nehmen wir weiter an, er ist für dessen Tod verantwortlich. Wer hat aber am nächsten Morgen im Burgbüro angerufen?«, denke ich laut nach. So viele Fragen, so wenig Antworten. Immerhin ist noch etwas Kühlgel in der Tube, aus der ich das Letzte rausquetsche.

»Wie gesagt, die Obduktion ist noch nicht abgeschlossen. Bis jetzt wissen wir nur, dass der Tote die Finger beider Hände gebrochen hatte. Das ist jedoch als Todesursache nicht ausreichend.« Wir wissen also, dass wir nichts wissen, philosophiert der Advokat.

»Welche Rolle spielt Udo eigentlich in der Angelegenheit?« Reimann, der sich auf die Pritsche mir gegenüber gesetzt hat, während ich die Fragen stelle und meinen Zeh behandle, atmet rasselnd ein.

»Udo ist eine Art Provider. Er kümmert sich um Speicherplätze, stellt die nötigen Verbindungen her, sorgt für die Informationsweiterleitung. Bei ihm läuft alles zusammen. Doch er ist nicht der Kopf. Dem kommen wir ein Stück näher, wenn der Deal heute Abend wie geplant über die Bühne geht.« Reimann schaut Luca fest in die Augen. Die blaue Lady starrt wie durch einen Schleier auf den Beamten. Sie blinzelt nicht mal.

»Ich kann mir nicht vorstellen, dass man mit dem Geschisse eines Wales reich werden kann«, werde ich los, was mich schon geraume Zeit beschäftigt.

Es gehe nicht nur um Amber, erklärt Reimann. Es gehe auch um andere illegal gehandelten Güter. Das finge bei Amber an, ginge über Elfenbein sowie Moschus und ende bei Zuchtperlen oder Zobel. Von toten Reliquien bis zu lebenden Exoten, für alles gäbe es einen Markt. Der Sammlerleidenschaft wären keine Grenzen gesetzt, das hätten ihn seine Ermittlungen gelehrt. Dass der Polizist Luca im gleichen Atemzug mit Tierdieben und Grabschändern nennt, passt ihr nicht. Mit so etwas habe sie nie zu tun gehabt, geht sie in die Verteidigung.

Reimann guckt ungläubig und frischt ihr Gedächtnis auf: »Erinnere dich doch an den seltsamen Vogel, der Michael in Wien nach Gebeinen von Mozart gefragt hat? Oder an die zwei abgedrehten Typen in Dux, die sich darüber stritten, wer von ihnen die Originallocken Casanovas unter Glas hatte? Und was ist mit dem Amber ...?« Luca starrt ein Loch in den Boden zwischen ihren Füßen. Verstehe ich das jetzt richtig, fragt Kalle an: Reimann, Michael und Luca kennen sich von früheren Geschäften, doch Reimann ist ein vom Staat eingesetzter Verbrecher. Ja, nein, so kannst du das jetzt auch nicht vereinfachen, antwortet der Advokat spröde und gereizt.

Reimann sieht auf die Uhr, drückt sich mit den Händen von den eigenen Oberschenkeln ab und erhebt sich schwer von der niedrigen Pritsche.

»Ich muss jetzt telefonieren. Ihr passt mir auf das Mädchen auf, während sie sich überlegt, um wie viele Monate sie ihre Haftstrafe verkürzen will.« Reimann fischt seinen Revolver aus dem Bodenloch. Kurt, der die ganze Zeit regungslos vor der Tür gestanden hat, senkt den Kopf und macht den Weg frei. Kaum hat Reimann die Tür einen Spalt breit geöffnet, dringt ein markerschütternder Schrei zu uns hinein. Mit lautem Johlen gehen die heiligen Sauerländer Gralskrieger auf die Schweriner Kämpfer Gondors und Rohans los. Wenn alle mit heiler Haut aus der Schlacht kommen, will ich Elfriede heißen, wiederholt sich Kalle. Ein verirrter Pfeil surrt singend durch die Luft und bleibt im Holz der schweren Hungerturmtür stecken. Hier wird scharf geschossen. Ob das mal seine Ordnung hat? Reimann zieht die Tür schnell wieder zu, bevor er einen zweiten Versuch unternimmt unbeschadet auf den äußeren Burghof zu gelangen.

»Ich mach's.« Wie aus einer tiefen Trance heraus erklärt sich Luca bereit, die Seiten zu wechseln und

Reimann die Käufer und vermutlichen Drahtzieher in die Hände zu spielen. Ein kurzes Kopfnicken seinerseits lässt vermuten, dass er mit keiner anderen Reaktion gerechnet hat.

51

Es vergehen kaum zehn Minuten, bis Reimann wieder bei uns ist. Luca hat die ganze Zeit geschwiegen. Auch gab sie mir keinerlei Auskunft, wo Alfons ihrer Meinung nach steckt. Irgendwas sagt mir, dass sie es weiß. Mir ist ganz kribbelig, denn ich bin nicht sicher, ob das Biest nicht doch etwas in meinem Auto versteckt hat.

Der Ermittler dirigiert uns zu einer Töpferwerkstatt. Wie alte Freunde sollen wir uns verhalten und fröhlich unauffällig den Turm verlassen und gegenüber dem Parkplatz durch die kleine Pforte eine Treppe hinab gehen. Der Besitzer sei informiert. In der Töpferwerkstatt warten einige schwarz gekleidete junge Männer und ein Haufen Technik auf uns, vielmehr auf Luca. Das Mädchen wird verkabelt. Kurt und ich erhalten die Anweisung, uns so unauffällig wie möglich zu verhalten und mit niemandem ein Wort über die Angelegenheit zu sprechen. Währenddessen füllen sich die Parkplätze mit Autos aus allen möglichen Regionen Deutschlands, den Niederlanden und teilweise auch aus Osteuropa. Jede Bewegung vor und hinter den Schutzmauern wird von Kameras aufgezeichnet. Der Kuckuck sei im Nest, höre ich einen der durchtrainierten Typen sagen. Eilig werden Kurt und ich hinausbugsiert.

»Kneif mich mal«, raunt Kurt.

Ich komme nicht dazu, denn kaum haben wir die Burg betreten, rennt Jörn uns entgegen. Fast außer sich will er wissen, wo wir stecken, während hier die Burg brennt. Er habe den Kämpfern Spanferkel versprochen, der Metzger habe keines mehr vorrätig, ob wir nicht Udo finden könnten, vielleicht hätte er noch was für den Spieß.

»Du suchst Udo und ich schaue nach, was die Gefriertruhen hergeben.« Kurt ist wieder in seinem Element.

Wo zum Teufel soll ich Udo in der riesigen Burg finden? Hier hilft nur eine systematische Suche. Ich entschließe mich, unten zu beginnen. Im Getränkekeller ist er nicht, im Putzmittellager ist er auch nicht. Hier treffe ich nur auf die Putzfrau, die meine Wäsche gefunden hat. Bei meinem Anblick spiegelt sich der Abscheu in ihrem Gesicht wieder. Bei den Waschmaschinen ist Udo ebenfalls nicht zu sehen. Bevor ich jetzt die gesamten drei Bauteile der Burg den geografischen Lagen nach bis unters Dach durchkämme, versuche ich es erst bei den Gartengeräten.

Die Sensen und Sägen befinden sich etwas abseits. Die Krieger im Hof sind immer noch zugange. Der unbeteiligte Zuschauer vermag keine Sieger oder Verlierer zu erkennen. Alle scheinen noch munter auf den Beinen. Auch das Gebrüll hat noch nicht wesentlich nachgelassen. Metall trifft auf Metall oder Holz. Hin und wieder ist ein spitzer Schrei aus den Reihen der weiblichen Zuschauer zu hören. Ich lasse die Schlacht hinter mir und gehe um eine Biegung. Auch hier hallen die Rufe noch wider. Die Tür des Geräteraums steht offen. Der Geräuschkulisse ist es zu verdanken, dass ich unbemerkt an Udo herankommen kann, der bei den Äxten steht und sein Handy ans Ohr presst. Ich richte meine geballte Aufmerksamkeit auf das, was Udo von sich gibt und höre, wie er zu dem Anrufer sagt, er solle für eine Weile untertauchen, noch hätte er nicht alles geregelt, doch es würde nicht mehr lange dauern. Der Anrufer solle sich eine glaubhafte Geschichte für seine Rückkehr überlegen, Alibis beschaffen. »Und ruf mich nie wieder an, Alfons!«

»N'Abend«, werde ich schräg von hinten angeschrieen, »wo finde ich hier die Klos?«

So ruckartig wie ich zusammenzucke, wirbelt Udo herum und starrt mich mit Röntgenblick an.

Ich gebe dem verirrten, jungen Mann im Brustharnisch eine Wegbeschreibung. Kaum hat er die Szene verlassen, packt Udo mich am Kragen:

»Was spionierst du hier rum?«

»Nä, was bist du für ein grober Klotz!«, pfeife ich ihn frech an. »Lass los, Mann. Jörn und Kurt wollen wissen, ob du noch was Wildes für einen Grillspieß auf Lager hast.«

Jetzt drückt Udo mich zwischen die geschwungenen Sensenklingen, die wie eine unerschütterliche Garde in einer Ordnungsschiene klemmen und sagt:

»Ja, jeden Moment, ganz frisch. Nur wirst du es nicht mehr ausrichten können.«

Denk nach, Heiner, benutze deinen Kopf, flehte mein Blechschlossermeister, als ich drauf und dran war, ein teures Werkzeug zu vergeigen. Benutze deinen Kopf, halte ich für eine gute Idee und verpasse

Udo eine ordentliche Nuss auf die Nase. Damit hat er nicht gerechnet. Ei, meine Stirn ist derartige Erschütterungen aber auch nicht gewohnt. Ich taumle nur leicht in dem Moment, als Udo mich loslässt. Er fällt rückwärts gegen den Schraubstock der Werkbank und flucht. Nichts wie weg hier! Ich bin mir sicher, dass Udo als nächstes Wichtigeres zu tun hat, als einem widerborstigen Lakaien nachzusetzen.

»Udo hat nichts«, richte ich Kurt in der Küche aus, der bereits dabei ist, einen riesigen Spießbraten zu präparieren. Ich soll einen Zentner Kartoffeln in Folien wickeln. Während wir hektisch in der Küche hantieren, geht unten im Hof höllisch die Post ab. Der Arbeitstisch steht so vorm Fenster, dass wir einen Logenplatz haben. Am Rande der Kampfhandlungen sehen wir Luca bläulich schimmernd mit ihrem Beutel Hehlerware durch die Reihen der weiblichen Zuschauer huschen. In einer Mauernische stehen zwei Männer in langen Mänteln. Das schwarze Leder glänzt im Schein des prasselnden Feuers. Dass sich in dem Rucksack unmöglich der gesamte Amber befinden kann, wird selbst im Halbdunklen klar. So unterbelichtet werden die Käufer nicht sein, um das nicht zu bemerken. Schemenhaft ist erkennbar, dass Luca den Sack übergibt und die Männer die Ware prüfen. Jetzt wird gestikuliert und einer geht Luca an die Wäsche. Hoffentlich bemerkt er nicht die Verkabelung. Luca kann die beiden offensichtlich überzeugen, ihr zu folgen. Ein ihr hingehaltenes Bündel nimmt der andere Mann wieder an sich. Das wird die Bezahlung gewesen sein. Die kleine Gruppe löst sich aus der Nische und geht an den Schwerter schwingenden Kriegern vorbei. Die Menge kämpfender Leiber rückt den zwei Männern näher. Einige Frauen drängen Luca von den Kerlen ab und fünf Gralskrieger stürzen sich auf die beiden Verbrecher. Von unserem Ausguck ist kaum auszumachen, wer gegen wen die Wurfaxt erhebt. Nach kurzem Handgemenge sind die Amber-Käufer entwaffnet und in Handschellen. Kurt klatscht Beifall. Ich atme auf. Die Beamten werden Udo sicherlich auch gestellt haben. Ich verlasse die Küche, um eine Ladung Kartoffeln nach unten zu bringen. Kaum dass ich aus der Tür bin, höre ich hinter mit ein metallisches Klicken und spüre etwas Kaltes, Kreisrundes in meinem Genick.

»Wusste ich es doch, mit dir stimmt was nicht. Jetzt gehst du schön langsam vor mir her und machst keinen Mucks«, dirigiert Udo mich durch den menschenleeren Flur. Das sieht nicht gut aus, konstatiert der Advokat und Kalle überlegt, ob die in Alufolie gewickelten Kartoffeln als Geschosse dienen könnten. Als Handgranaten gehen die Dinger nicht durch. Meine Arme werden lang, denn der Korb ist bis oben hin gefüllt. Udo schiebt mich bis vor eine Tür und weist mich an, sie zu öffnen. Ich habe keine Hand frei. Als ich mich bücken will, um den Korb abzustellen, nimmt der Druck der Mündung auf meinen Nacken zu. Udo brummt eine Art Verneinung, was wohl so viel heißen soll wie: Mir egal, wie du die Tür öffnest, doch tu es aufrecht, unauffällig und schnell. Ich werde versuchen, die Klinke mit dem Ellbogen herunterzudrücken. Mann, ist der Korb schwer. Der wiegt bestimmt einen Zentner. Vorsichtig schiebe ich meinen rechten Ellbogen zur Klinke. Udo habe ich halb im Blick, nachdem er mir erlaubt hat, dass ich mich schräg zur Tür stelle. Anders wäre es rein ergonomisch nicht möglich gewesen, nur den Versuch zu starten, die Klinke herabzudrücken. Der Stahl des Revolvers glüht jetzt an meiner linken Schläfe. Meine Hände beginnen zu schwitzen. Jede einzelne Kartoffel in dem Drahtkorb hat in der Zwischenzeit ihr Gewicht verdoppelt. Die Muskeln meines Schultergürtels sind zum Zerreißen gespannt wie armdicke Seile, die einen Aufzug halten müssen, in den zehn Pferde geflüchtet sind. Mein Ellbogen nähert sich dem Ende der Klinke und noch immer geschieht nichts. Die Tür ist so zu wie eine soeben verschüttete Grabkammer. Abgeschlossen. Abwärts geht es mit den Pferden im Aufzug. Meine Arme sind so lang, wie der Ärmelkanal breit. Die rauen Griffe des Drahtkorbs hinterlassen tiefe Eindrücke in meinen feuchten Händen. Kirmesmensch Udo wird ungeduldig. Die Erdanziehung auch. Mit aller Kraft entreißt sie mir endlich den Kartoffelkorb. Der knallt Udo vors Schienbein. Schneller als sich sein Zeigefinger krümmen kann, lasse ich mich den eingepackten Kartoffeln hinterher fallen, Erdäpfel sagen die Franzosen. ›...von der Erde wirst du genommen, Asche zu Asche, Staub zu Staub‹, höre ich mein Totenglöckchen läuten. Über mir schlägt die Kugel in die Tür. Ich glaub, ich bin taub. Auf allen Vieren hocke ich im Türrahmen, wie ein Waschbär in der Falle.

Plötzlich hält Udo in seinen Bewegungen inne und erstarrt. Vorsichtig blicke ich ans Ende des Flurs. Napoleon. Seinen Lippen ist etwas abzulesen, das mit ›Waffe weg, Polizei‹, übersetzt werden kann. Neben mir fällt der Revolver zu Boden. Undeutlich dringen wieder Laute durch mein Gehör.

»Langsam umdrehen«, befiehlt Reimann.

Ich sehe, wie Udo zur Waffe schielt. Der will sich hier sicher mit einer Geisel rausboxen, pass auf, schreit Kalle. Statt langsam wie befohlen, dreht Udo sich blitzschnell auf seinem Absatz herum. Mit einer Hand will er mich am Kragen packen und mit der anderen die Waffe schnappen. Reimann wird nicht schießen, da er Gefahr laufen kann, einen Zivilisten zu treffen, jagt mir durch den Kopf. Mit einer geschickten Körperdrehung in seine Richtung, dem Mut der Verzweiflung und den verstreuten Kartoffeln gelingt es mir, Udo zu Fall zu bringen. Der ist völlig überrumpelt von seiner Bauchlage, sodass ich ihm schnell mein Knie in die Nieren rammen und die Arme auf dem Rücken verschränken kann.

Napoleon eilt herbei, um ihm Handschellen anzulegen. Ich bin zwar nicht erschossen worden, doch erliege gleich einem Herzinfarkt.

Contenance, verlangt der Advokat, auf dessen Anzug kein Stäubchen zu sehen ist, während auf meinem Hemd Spuren von Kartoffelstärke sichtbar werden.

Nachdem auch Udo verhaftet ist, wir den Spießbraten und die Kartoffeln zum Feuer gebracht haben, gesellt sich Reimann zu uns. Die Kämpfer aus Ost und West präparieren sich derweil auf ihren Stuben für den großen Schmaus und tauschen eiserne Rüstungen gegen linnene Gewänder. Außer dem Knacken und Zischen des aufgelegten Holzes ist nichts zu hören, von einem leichten Pfeifen in meinem Gehör einmal abgesehen. Kurt reicht Reimann und mir eine Flasche Bier. Reimann lehnt ab, er sei noch im Dienst. Der Bericht der Gerichtsmedizin läge jetzt vor. Demnach sei Michael nicht an den Folgen des Mauersturzes gestorben. Er habe noch eine kurze Weile gelebt. Anhand der Spurenlage unterhalb der Bastion könne man davon ausgehen, dass Michael beim Versuch des Aufstiegs abgestürzt sei. Eine Kopfverletzung ließe darauf schließen, dass er auf einen spitzen Stein gefallen sei. Udo habe ein umfassendes Geständnis abgelegt.

»Er ging davon aus, dass Alfons Michael umgebracht hat, und wollte die Leiche verschwinden lassen. Dazu packte er sie in den Koffer und deponierte diesen in dem verlassenen Haus. Ohne Leiche keine Ermittlungen und kein Mordanklage.«

»War der Boss des Hehlerrings unter den Verhafteten?«, möchte ich noch wissen.

»Ohne ihren Anwalt reden die kein Wort. Aber, das werden sie noch ... ganz sicher. Die Beweislast ist erdrückend. Im Schließfach des Toten befand sich ein Oktavheft mit aufschlussreichen Einträgen. Wir sind dabei die Kürzel und Symbole zu entschlüsseln. Nur eine Frage der Zeit ...« Reimann gräbt tief in seinen Taschen nach einem Päckchen Tabak und beginnt, sich eine zu drehen. Kaum ist er damit fertig, erhält er einen Funkspruch, den wir mithören können:

»Die Verdächtige ist entwischt. Ein Kerl kam plötzlich auf einer blauen Schwalbe durch das Tor geschossen, sodass die Kollegen im ersten Reflex beiseite gesprungen sind. Niemand ist verletzt. Cowboyartig hat der Typ das Mädchen um die Hüfte geschnappt, sie quer vor sich über die Sitzbank gelegt und dann ist er in einem irren Tempo durch unwegsames Gelände abgehauen. Die Großfahndung ist eingeleitet.«

Alfons, was machst du nur für Sachen, geht mir durch den Kopf. Reimann springt derweil fluchend auf, blauen Dunst hinterlassend.

»Ich habe eben mit Jörn gesprochen, der wird gerade noch befragt, er meinte, du könntest heute Abend frei haben. Ich schaffe das hier schon.« Kurt dreht den Spieß und Idefix verfolgt jede seiner Bewegungen mit den Augen, die Zunge hängt ihm tropfend aus dem Maul. Ich gedenke, das Angebot anzunehmen. Der Hungerturm ist versiegelt, ich werde in die Tanke fahren, heiß duschen, vielleicht gibt's bei Susanne noch was zu essen und dann hau ich mich in den Bauwagen.

52

Zum Glück wurde mein Auto nicht beschlagnahmt. Müde falle ich auf den Fahrersitz. Irgendwas knackt im Bereich zwischen Rückenlehne und Sitzfläche. Es wird wohl nicht mein Kreuz gewesen sein. Als ich auf der Kalteiche ankomme, weiß ich nicht, wie ich dorthin gelangt bin. Die Fahrt über muss ich völlig abgeschaltet haben. Erst jetzt bemerke ich eine extreme Duftnote. Nachdem ich mich aus dem Auto gewuchtet habe, zieht es mir kalt hinten um den Steiß. Vorsichtig befühle ich meine Hose. Sie ist feucht und ich realisiere, dass dort der Auslöser des umwerfenden Geruchs sein muss. Ich betaste die Sitzfläche meines Peugeots. Auch sie ist nass. Im dunklen Wageninnern riecht es wie in einem orientalischen Puff, in dem seit Gründung des Gewerbes nicht gelüftet wurde. Das Aroma kenne ich. Es ist mit einem Erlebnis verknüpft. Der Speicher meines Duftgedächtnisses meldet: Sex.

Bei der Durchsuchung des Autos reiße ich mir die Hand an einer Scherbe auf. Dünnes Glas schimmert in der spärlichen Innenbeleuchtung. Jetzt dämmert mir was. Luca hat es mir buchstäblich untergejubelt. Ein Fläschchen Moschus. Ein Sekret aus der Brunftdrüse eines Moschushirschen, der wohlmöglich im

Himalaya sein Leben ließ. Schätzungsweise rinnen mir gerade 1000 Euro durch die Ritze.

»Hi, Heiner.«
»Hallo, Rudi.«
»Boah, wat stinkst du.«
»Ich weiß.«
»Ich lese gerade in der Zeitung von einem bläulichen Stein, ein Achat mit Schleiereulenmotiv drin. Der soll eine Million Dollar wert sein. Kannst du dir das vorstellen?«
»Ja, kann ich.«
»Boah, nä, wat stinkst du. Geh mal duschen.«

ENDE

Weitere Krimis finden Sie auf den folgenden Seiten und im Internet: www.gmeiner-verlag.de

Sinje Beck
Einzelkämpfer

229 Seiten, 11 x 18 cm, Paperback.
ISBN 3-89977-654-2. € 9,90.

»NIMM MICH MIT! Für 7 Euro die Stunde oder Tagespauschale.« Der arbeits- aber nicht hoffnungslose Heiner aus Siegen hat sich selbstständig gemacht. Er steht mit seinem Schild in einer Einkaufspassage und wartet auf Kunden.
Damit beginnt für ihn eine Kette aberwitziger Verwicklungen. Ohne es zu ahnen gerät Heiner in die Fänge eines international tätigen Kunstfälscherrings. Als man ihn auf eine dubiose Reise nach Rotterdam schickt, wird dem agilen Jungunternehmer allmählich klar: Aus dieser »Nummer« muss er sich ganz allein herauskämpfen …

Angelika Schröder
Mordsgier

278 Seiten, 11 x 18 cm, Paperback.
ISBN 3-89977-696-8. € 9,90.

Endlich wird die Grundschule renoviert und Helga Renner findet mit ihrer vierten Klasse Unterschlupf im Keller eines Gymnasiums. Doch der friedliche Schein trügt: Während der großen Pause bricht Studienrat Wohlfang im Lehrerzimmer tot zusammen – vergiftet mit einem Pflanzenschutzmittel, das in Deutschland seit Jahren verboten ist. Hat ein Schüler oder gar ein Kollege den Studienrat umgebracht? Gespräche, die Helga im Lehrerzimmer belauscht, scheinen diese Vermutung zu bestätigen …

KRIMI IM GMEINER-VERLAG

Gabriele Keiser
Apollofalter

276 Seiten, 11 x 18 cm, Paperback.
ISBN 3-89977-687-9. € 9,90.

Kriminalkommissarin Franca Mazzari findet beim Walken in den Weinbergen zwischen Rhein und Mosel die Leiche der vierzehnjährigen Hannah. Ihr Schädel ist zertrümmert und alles deutet auf einen Unfalltod hin. Das Obduktionsergebnis spricht jedoch eine andere Sprache: Hannah wurde ermordet. In den Mittelpunkt der Ermittlungen rückt Andreas Kilian. Er ist seit einigen Wochen zu Gast auf dem Weingut von Hannahs Familie und hat eine Vorliebe für junge Mädchen ...

Elke Schwab
Angstfalle

273 Seiten, 11 x 18 cm, Paperback.
ISBN 3-89977-686-0. € 9,90.

Norbert Kullmann, Hauptkommissar a.D. aus Saarbrücken, wird unvermittelt in einen neuen Fall verstrickt:
Die Friseuse Trixi Reuber, die in Kullmanns direkter Nachbarschaft lebt, wird von einem unheimlichen Stalker belästigt. Alle Versuche, ihn bei der Polizei anzuzeigen, schlagen fehl – Trixi wirkt unglaubwürdig, nicht zuletzt deshalb, weil sämtliche Beweisstücke auf mysteriöse Weise verschwinden. Als am Neujahrsmorgen ihre Arbeitskollegin und Freundin Käthe tot in ihrem Keller aufgefunden wird, gerät die junge Frau plötzlich selbst ins Visier der Ermittlungen. Doch die Belästigungen des aufdringlichen Verfolgers hören nicht auf und Trixis Angst wächst ...

KRIMI IM GMEINER-VERLAG

Bernd Franzinger
Bombenstimmung

325 Seiten, 11 x 18 cm, Paperback.
ISBN 3-89977-684-4. € 9,90.

Deutschlands beliebteste Quiz-Show gastiert in der Fruchthalle in Kaiserslautern. Mit von der Partie ist die Familie von Hauptkommissar Wolfram Tannenberg: Vater, Bruder und Neffe nehmen als Kandidatenteam an dem Quiz teil. Mitten in der Livesendung meldet sich ein skrupelloser Erpresser und fordert den Hauptgewinn von 10 Millionen Euro. Er hat mehrere Sprengsätze im Keller des Gebäudes deponiert und droht diese zu zünden. Als zwei Bomben in der Nähe der Halle explodieren, ahnt Tannenberg, dass ihm nur noch wenig Zeit bleibt, um eine Katastrophe zu verhindern …

Ingrid G. Schmitz
Sündenfälle

271 Seiten, 11 x 18 cm, Paperback.
ISBN 3-89977-698-4. € 9,90.

Mia Magaloff, Künstlerin und Trödelmarkthändlerin aus Krefeld, freut sich mit ihrem Cousin, dem Pfarrer Waldemar Gelob, über dessen »Berufung« nach Moers. Doch sein Amtsantritt wird vom Tod einer Sopranistin des Kirchenchors überschattet. Zudem übergibt der Altpfarrer sein Amt nicht gern und die Gemeinde akzeptiert Waldemar nicht als neuen Pfarrer. Mia reist nach Moers und tritt in den Kirchenchor ein, um zu erfahren, was in der Gemeinde vorgeht. Bald gibt es einen weiteren Todesfall und Mia, die der Lösung des Rätsels immer näher kommt, gerät selbst in Lebensgefahr …

KRIMI IM GMEINER-VERLAG

Ihre Meinung ist gefragt!

Mitmachen und gewinnen

Als der Spezialist für Themen-Krimis mit Lokalkolorit möchten wir Ihnen immer beste Unterhaltung bieten. Sie können uns dabei unterstützen, indem Sie uns Ihre Meinung zu den Gmeiner-Krimis sagen!

....

Senden Sie eine E-Mail an gewinnspiel@gmeiner-verlag.de und teilen Sie uns mit, welchen Krimi Sie gelesen haben und wie er Ihnen gefallen hat. Alle Einsendungen nehmen automatisch am großen Jahresgewinnspiel teil. Es warten ›spannende‹ Buchpreise aus der Gmeiner- Krimi-Bibliothek auf Sie!

Die Gmeiner-Krimi-Bibliothek

KRIMI IM GMEINER-VERLAG

Alle Gmeiner-Autoren und ihre Krimis auf einen Blick

Anthologien: Grenzfälle (2005) • Spekulatius • Streifschüsse (2003)
Artmeier, H.: Feuerross (2006) • Katzenhöhle (2005) Schlangentanz • Drachenfrau (2004)
Baecker, H.-P.: Rachegelüste (2005)
Beck, S.: Einzelkämpfer (2005) • Duftspur (2006)
Bekker, A.: Münster-Wölfe (2005)
Bomm, M.: Schusslinie (2006) • Mordloch • Trugschluss (2005) • Irrflug • Himmelsfelsen (2004)
Bosch van den, J.: Wassertod • Wintertod (2005)
Buttler, M.: Dunkelzeit (2006) • Abendfrieden (2005) •Herzraub (2004)
Danz, E.: Osterfeuer (2006)
Dünschede, S.: Deichgrab (2006)
Emme, P.: Würstelmassaker • Heurigenpassion (2006) Schnitzelfarce • Pastetenlust (2005)
Enderle, M.: Nachtwanderer (2006)
Erfmeyer, K.: Karrieresprung (2006)
Franzinger, B.: Bombenstimmung (2006) • Wolfsfalle • Dinotod (2005) • Ohnmacht (2004) • Goldrausch (2004) • Pilzsaison (2003)
Gardener, E.: Lebenshunger (2005)
Gokeler, S.: Supergau (2003)
Graf, E.: Elefantengold (2006) • Löwenriss • Nashornfieber (2005)
Haug, G.: Gössenjagd (2004) • Hüttenzauber (2003) • Finale (2002) • Tauberschwarz (2002) • Höllenfahrt (2001) • Todesstoß (2001) • Sturmwarnung (2000) Riffhaie (1999) • Tiefenrausch (1998)
Heim, Uta-Maria: Dreckskind (2006)
Heinzlmeier, A.: Bankrott (2006) • Todessturz (2005)
Karnani, F.: Takeover (2006)
Keiser, G.: Apollofalter (2006)
Keiser G./Polifka W.: Puppenjäger (2006)
Klewe, S.: Kinderspiel (2005) • Schattenriss (2004)
Klingler, E.: Königsdrama (2006)
Klugmann, N.: Kabinettstück (2006) • Schlüsselgewalt (2004) • Rebenblut (2003)
Kohl, E.: Grabtanz • Zugzwang (2006)
Köhler, M.: Nellis Tagebuch (2006)
Koppitz, R. C.: Machtrausch (2005)
Kramer, V.: Todesgeheimnis (2006) • Rachesommer (2005)
Kronenberg, S.: Kultopfer (2006) • Flammenpferd • Pferdemörder (2005)
Lebek, H.: Schattensieger • Karteileichen (2006) • Todesschläger (2005)
Leix, B.: Hackschnitzel (2006) • Zuckerblut • Bucheckern (2005)
Mainka, M.: Satanszeichen (2005)
Matt, G. / Nimmerrichter, K.: Schmerzgrenze (2004) • Maiblut (2003)
Misko, M.: Winzertochter • Kindsblut (2005)
Nonnenmacher, H.: Scherlock (2003)
Puhlfürst, C.: Dunkelhaft (2006) • Eiseskälte • Leichenstarre (2005)
Schmitz, I. G.: Sündenfälle (2006)
Schmöe, F.: Käfersterben • Fratzenmond (2006) Kirchweihmord • Maskenspiel (2005)
Schröder, A.: Mordsgier (2006) • Mordswut (2005) • Mordsliebe (2004)
Schuker, K.: Wasserpilz (2006)
Schwab, E.: Angstfalle (2006) • Großeinsatz (2005)
Schwarz, M.: Maienfrost • Dämonenspiel (2005) • Grabeskälte (2004)
Stapf, C.: Wasserfälle (2002)
Steinhauer, F.: Seelenqual • Racheakt (2006)
Thadewaldt A./Bauer C.: Kreuzkönig (2006)
Valdorf, L.: Großstadtsumpf (2006)
Wark, P.: Epizentrum (2006) • Ballonglühen (2003) • Absturz (2003) • Versandet (2002) • Machenschaften (2002) • Albtraum (2001)
Wilkenloh, W.: Feuermal (2006) • Hätschelkind (2005)

KRIMI IM GMEINER-VERLAG